THE COFFEE STORY

: 대화의 선율 :

구 자 인

지식인

THE COFFEE STORY

2019년 9월 25일 초　판 인쇄
2019년 9월 30일 초　판 발행
2021년 8월 30일 개정판 발행

지은이 | 구자인
펴낸이 | 김종욱 · 명사동
펴낸곳 | 지식인
등　록 | 제301-2013-134호
주　소 | 서울시 도봉구 도봉로 180길 20 투웨니퍼스트 102동 602호
전　화 | 02)2266-8606 (대)
팩　스 | 02)2266-8607
이메일 | jisikin2013@naver.com
홈페이지 | www.jisikinbook.co.kr

ISBN 979-11-88105-47-2 (93570)

값 24,000원

THE COFFEE STORY

Prologue

"내가 정말로 마음에 들어 했던 것은 커피맛 그것보다는, 커피가 있는 풍경이었는지도 모르겠다고 지금은 생각한다. 내 앞에는 저 사춘기 특유의 반짝반짝 빛나는 거울이 있고, 거기에 커피를 마시는 나 자신의 모습이 또렷하게 비추어져 있었다. 그리고 나의 배후로는 네모나게 도려내진 작은 풍경이 있었다. 커피는 어둠처럼 검고, 재즈 선율처럼 따듯했다. 때로 인생이란 커피 한 잔이 안겨다주는 따스함의 문제라고 리처드 브로치 간의 작품 어딘가에 쓰여 있다. 커피를 다룬 글 중에서 나는 이 문장이 제일 흡족스럽다."

– 무라카미 하루키의 『커피를 마시는 어떤 방법 중에 대하여』 중에서

8월은 오르는 길을 멈추고 한 번쯤 돌아가는 길을 생각하게 만드는 달이라 하더군요. 조금은 무뎌졌고, 조금은 더 너그러워질 수 있으며, 조금은 더 기다릴 수 있는 나이가 되어버린 지금,

기다림이란,
더 많은 것을 생각하게 하고,
더 많은 것을 보게 합니다.

아무쪼록 이 책을 통해 커피에 관한
작은 지침서가 되는 바람을 가져봅니다.

뒤돌아보게 하기도 하고,
앞을 향해 내딛게 하기도,
잠시 지금 자리에서 작은 숨을 내쉬며 쉬게 하기도,
제 곁의 많은 '사람들' 덕분입니다.
내 인생의 가장 빛나는 한 부분이 되어주는 제자들을,
만났던 그 시간들이 여전히 그립고 그립습니다.
기대하지 않고 있던 순간에 마주한 선물은 감동이 더 큰 것처럼,
이 책을 만날 수 있게 해주신
지식인에 감사드립니다.

끝으로,
그저 잎시 가주는 것만으로도,
그저 웃어주는 것만으로도,
그저 들어주고 고개 끄덕여주는 것만으로도,
그저 한마디 나지막이
'고마워'의 그 순간만으로도,
힘이 되는
나의 가족에게도 사랑을 전합니다.

8월의 끝자락에 **구자인**

커피와 문화

커피와 예술

국가별 커피의 특징

로스팅 & 블랜딩 & 커핑

추 출

커피 생두에서 원두가 되기까지

카페 메뉴

부록 : 자격시험 심사 메뉴얼

: 대화의 선율 :

CHAPTER 01

커피와 문화

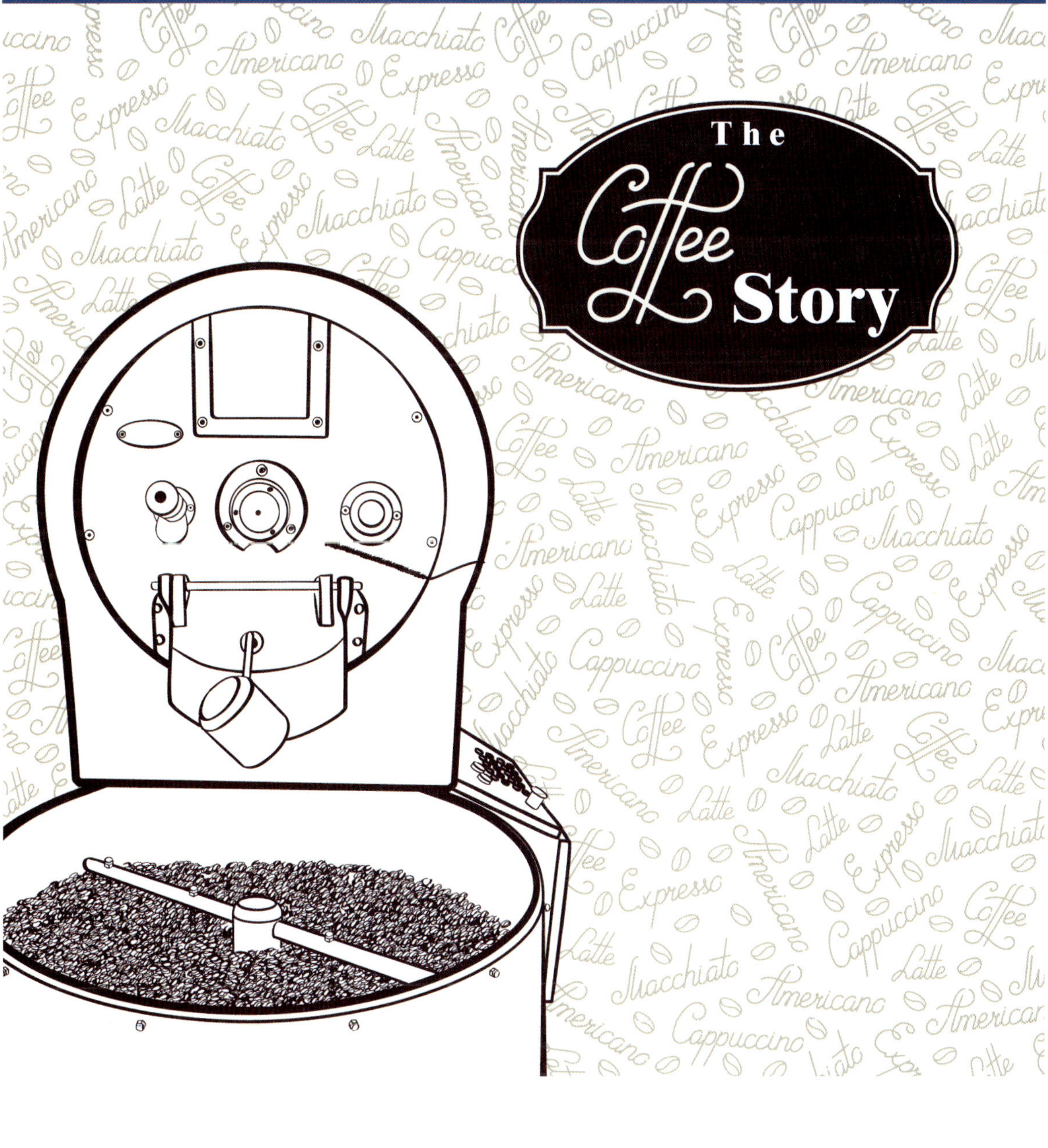

유럽의 커피문화

이탈리아

이탈리아Italy에서의 커피는 에스프레소를 의미한다. 1615년에 정식으로 유럽에 수입되면서 수많은 애호가를 확보했다. 이탈리아 사람들이 빨리 나오는 커피를 선호하다보니, 자주 마시는 커피가 된 에스프레소는 이름마저도 '빠른'이라는 뜻을 가지고 있다. 주로 강하게 볶은 원두를 곱게 분쇄한 커피가루를 사용하여 데미타스에 담아

그대로 마시거나 설탕을 쳐서 마시는가 하면, 아침에는 코냑을 넣기도 한다. 여기서 코냑이란 프랑스 코냑 지역에서 만든 와인을 증류해 생산되는 브랜디의 일종을 말한다.

오스트리아

오스트리아Austria 사람들에게 커피는 음악적인 여유와 아름다움을 반영하는 하나의 문화이다. 아침식사로는 커피와 함께 크루아상을 즐기는 '비엔나식 아침'이 유명하다. 오스트리아의 대표적 커피로는 '비엔나커피'와 '비너멜랑쉬'가 있다. 비엔나커피는 희석된 에스프레소에 진하고 무거운 크림을 듬뿍 얹어내는 커피이다. 멜랑쉬는 프랑스어로 '섞다'라는 의미를 가지고 있다. 비너멜랑쉬는 에스프레소에 달걀노른자, 흑설탕과 휘핑크림을 넣은 독특한 커피이다.

독 일

독일Germany은 카페문화가 늦은 나라이다. 하지만 커피기술 분야에서는 독일이 압도적인 두각을 나타내고 있다. 그래서 대용커피, 치커리뿌리를 가지고 커피 대용으로 마시기 시작했고, 또한 호밀과 보리를 이용하여 말적커피를 마시기 시작하였다. 19세기 말에 독일에서만 말적커피 공장이 64개나 생겼다. 독일의 유기화학자 프리들리프 룽게가 카페인 제거 기술을 최초로 개발하였고, 카페인을 분리해 낼 수 있게 되었다.

스페인

19세기에 들어서면서 스페인Spain에는 커피하우스가 들어서기 시작하였다. 스페인에서 커피가 자리 잡지 못했던 이유로는, 스페인 사람들의 국민음료였던 초콜릿 때문이 아닐까 추측한다. 커피하우스에는 일반 서민층보다는 지식인층이 스페인 커피하우스를 찾는 사람들이 대부분이었다. 이 스페인 사람들은 아침식사를 달콤한 커피와 함께 추러스, 롤, 크래커와 함께 즐긴다. 특이한 점은 원두 로스팅에 있는데, 생두 80%와 메스끌라 20% 두 가지를 함께 블랜딩한다. 또한 스페인에서는 아이스 종류의 커피메뉴가 별도로 없다고 한다. 주문할 때 아이스 아메리카노를 마시고 싶을 때에는 카페 아메리카노 꼰 이엘로Café Americano Con Hielo로 주문하면 된다.

프랑스

프랑스France에서 커피 유행을 일으킨 사람은 루이14세이다. 커피를 좋아하는 루이14세는 네덜란드로부터 커피나무를 선물받기도 하였고, 자주 커피연회를 이어갔다고 한다. 몽마르트언덕의 카페에서는 르누아르나 로트렉, 피카소나 고흐가, 몽파르니스 카페엔 모달리아니나 헤밍웨이, 헨리 밀러가, 생 제르맹 데 프레 카페에선 샤르트르나 보부아르 그리고 프레베르가 함께 했다.

현재 프랑스는 전 세계적으로 카페문화가 가장 발달된 나라 중 하나이다. 프랑스를 생각하면 길거리에 가득 메운 노천카페의 이미지와 하얀 와이셔츠를 단정히 입은 가르송을 떠올린다. 어느 곳을 돌아보더라도 야외 카페를 비롯하여 수많은 카페를 발견할 수 있다. 유럽에서 에스프레소가 유행하던 시절, 프랑스에서는 담론 문화를 즐기며 보다 여유롭게 커피를 마시기 위해 카페오레라는 커피가 발달하였다.

그리스

그리스Greece는 하루 세 번 커피를 마시는데, 데미타스 잔과 같은 소량으로 마시되 진하게 마신다. 그리스에서는 커피를 케이크, 치즈, 파이 등과 함께 먹으며, 우유를 넣어 마시는 것을 즐긴다. 단순히 커피를 마시기 위함이라기보다는 누군가와 함께 앉아 커피를 마시는 문화이다. 커피를 마시고 남은 커피 잔여물에서 앞날을 예측하는 커피점이 유명하다. 커피점은 터키에서 유래되었다고 전해지는데, 커피잔 바닥에서 알파벳 모양과 동물을 찾아 미래에 대한 점을 친다.

영 국

초기 영국United Kingdom은 '차'가 아닌 '커피'의 나라였다. 영국은 하루 홍차 섭취량이 무려 6잔이 넘을 정도로 홍차의 나라로도 유명하지만, 커피는 유럽식의 '커피하우스' 문화가 발달했다. 같은 공간 안에서 커피와 함께 토론을 하고, 의견을 나누는 문화공간으로서의 역할을 하였으며 파리, 빈 등의 카페가 유명하다. 카페 안에 테이블이 비교적 많지 않기 때문에 테이크아웃이 자연스러운 문화로 정착되었다.

남미의 커피문화

브라질

브라질Brazil의 커피문화에 독특한 점은 브라질 사람들은 더운 여름에도 뜨거운 커피를 마신다는 것이다. 스타벅스가 브라질에 들어오기 전까지 브라질에는 아이스커피의 개념이 아예 없었다고 한다. 브라질 식당에 가면 커피는 돈을 받고 파는 상품이 아니라, 우리가 물을 마시듯 그들은 커피를 입을 헹구는 음료의 개념으로 서비스된다. 브라질은 커피재배에 적당한 테라로사라고 하는 토양으로 되어있고, 남미의 약 절반 면적을 차지하고 있다. 브라질에서 생산되는 커피는 대부분이 산토스 항구에서 수출되는데, 여기서 산토스라는 커피 이름이 유래되었다.

콜롬비아

커피 마니아들 사이에서 유명한 콜롬비아Colombia 수프리모는 마일드 커피의 대명사이다. 부드러운 신맛과 쓴맛, 진한 초콜릿향과 단맛이 조화로운 커피이다. 콜롬비아 사람들은 뜨거운 물속에 흑설탕을 넣고 끓여 녹인 후 커피가루를 넣고 저어준 다음 모두 가라앉을 때까지 5분쯤 두었다가 맑은 커피만을 마시는 틴토가 유명하고, 모닝커피에 치즈를 넣어 마시는 문화가 잘 알려져 있다.

에콰도르

오후 4시 반을 커피타임이라 지정하며 사람을 초대하는 풍습이 있다. 특히 에콰도르Equador 인들은 원두를 갈아 넣어 내려서 마시는 드립커피를 즐겨 마신다. 이 나라에서는 아침에 하루 동안 마실 커피를 만드는 일이 주부의 일과 중 하나라고 할 정도로 많이 마신다고 한다. 보통 커피를 마실 때에는 데미타스잔에 진한 커피를 담고 설탕을 듬뿍 넣어 마시는 에콰도르인들이 많다.

아프리카의 커피문화

에티오피아

에티오피아Ethiopia에서는 손님이 오면 환영의 의미를 담아 손님에게 최고의 예의를 표하는 '분나 마프라트'라는 의식이 있다. 주로 젊은 여성이 아프리카 특유의 다양한 문양이 새겨진 전통의상을 입고 커피를 볶고 따르는 예의를 하는 것이 에티오피아에서 커피사업 종사자들의 삶이다.

에티오피아 커피 의식은 서로간의 대화와 인간관계의 가치를 생각하게끔 한다. 에티오피아 속담 중에 커피와 함께 하는 에티오피아인의 삶을 가장 표현한 것이 있다. 'Buna Dabo Naw'를 번역하면 "커피는 우리의 양식이다."라는 의미이다. 이는 곧 커피가 문화라는 것을 의미한다.

에티오피아에서는 보통 세 잔의 커피가 서빙된다. 첫째 잔 아볼Abol은 '맛'을, 둘째 잔은 '행운'의 후에레타냐Hueletanya, 그리고 마지막 베레카Bereka는 '축복'을 의미한다.

아시아 · 태평양의 커피문화

예 멘

예멘Yemen은 아라비아반도의 최남단에 위치하며, 바다에 근접하기까지 산맥지대가 걸쳐있고 수많은 계곡과 강이 있다. 예전에 아비시니아(지금의 에티오피아)에서 자생하고 있던 커피나무가 아라비아(지금의 예멘)에 이식되어, 그것이 세계 각국에 전파되었고 바로 이것이 아라비카종으로 불리게 되었다.

예멘은 남북을 가로지르는 산맥지대와 홍해를 접하는 좁은 해안평야로부터 만들어졌다. 모카커피는 이 산맥지대에 각지에서 재배되고 있으며, 그 중에서도 특히 베니마타 지방의 마타리에서 재배된 것이 최고인데, 모카마타리는 대단히 유명하다.

이전 예멘 커피콩은 모카항에서 수출되었기 때문에 모카커피라고 불리게 되었고, 아덴항에서 수출되는 현재도 그 이름이 그대로 사용되고 있다. 한 그루에 꽃과 열매가 동시에 달리며, 수확은 해마다 2~3회가 가능하다.

베트남

베트남Vietnam은 아침 커피를 선호한다. 헤아릴 수 없을 정도로 수많은 곳에서 커피를 판다. 이른 아침 직장에 출근하고 나서 골목에 자리 잡은 길거리 카페로 사람들은 몰려든다. 커피는 베트남인들의 소박하고 정겨운 이야기를 담고 있다.

19세기에 프랑스의 침략과 지원으로 프랑스의 커피문화가 남아있으며 이를 즐기는 편이다. 한국인과 달리 베트남인들은 대부분 인스턴트커피를 즐겨 마시지 않는다. 원두커피를 갈아 뜨거운 물에 커피를 내려서 먹는 '드롭Drop' 방식의 커피를 마신다. 이때 '핀Fin'이라는 필터를 사용한다. 커피분말이 이 핀에 걸러질 때 진한 커피향이 코를 자극하여 커피를 잘 마시지 않는 사람도 마시고 싶은 욕구를 느끼게 한다.

터 키

유럽 커피문화의 시작은 터키Turkey에서부터이다. 14세기경 중동을 지배하던 오스만투르크 제국에 커피가 소개되었다.

터키의 대표적인 커피는 '터키쉬 커피Turkish Coffee'로 곱게 간 커피원두를 커피포트에 넣고 끓이고 식히기를 2~3번 반복하여 윗부분만 잔에 따라 마신다. 다 마신 후에는 컵의 바닥에 남아있는 가루로 만들어진 모양을 통해 운세를 보기도 한다. 터키에서는 아내가 마실 만큼의 충분한 커피를 남편이 준비하지 못할 경우 이혼사유가 될 정도로 커피에 대한 사랑이 대단하다.

일 본

일본Japan은 차문화만큼이나 오랜 커피문화도 가지고 있다. 일본인들의 경우 '나만의 것', '최고의 것'을 누린다는 의미에서 블루마운틴을 많이 즐긴다. 핸드드립의 커피가 발달했으며, 일본만의 새로운 핸드드립의 문화를 만들기도 했다. 현재 일본의 커피전문점은 미국에서 들어온 '스타벅스'와 자국 브랜드인 '도토루'가 주를 이루고 있다. 나머지는 개인 카페로 이루어져 있으며, 간단한 샌드위치 모닝과 런치메뉴가 있는 카페가 인기 있다. 또한 캔커피가 발달하여 자판기문화도 발달되었다.

대한민국

대한민국Republic of Korea의 커피 역사에서, 공식적으로 커피를 처음 마신 사람은 고종황제이다. 고종황제는 1896년 아관파천 당시 러시아공사관에서 머무르며 커피를 마신 것으로 전해지며, 1895년 『고종순종실록』에 커피가 '가배차'라고 기록되어 있다.

궁으로 돌아온 고종은 덕수궁 내에 '정관헌'이라는 우리나라 최초의 서양식 건물을 지었는데, 한국적 분위기가 나는 로마네스크풍의 건물이 우리나라 최초의 카페라 할 수 있다.

기타 국가의 커피문화

미 국

미국United of States은 18세기부터 커피를 마시기 시작하여, 지금은 미국인들에게 가장 많이 마시는 음료가 커피일 정도로 삶의 일부가 되었다. 카페에서 식사와 함께 마시거나, 일을 하면서 커피를 마시는 것이 일상이다. 특히, 테이크아웃 커피전문점이 발달하여 자리에 앉아서 마시는 커피문화보다는, 들고 다니면서 마시는 커피문화로 변모되었다.

미국의 대표 커피로는 아메리칸 커피로 우리가 흔히 '아메리카노'로 부르는 커피이다. 보통 옅고 담백한 커피를 즐기는 미국사람들을 위해 에스프레소에 물을 넣어 설탕이나 크림을 넣지 않고 큰 잔에 담아서 마시는데, 자신의 취향에 따라 물을 많이 넣거나 덜 넣어서 맛을 조절한다.

러시아

러시아Russia는 커피문화가 정착된 지 오래된 곳인데, 고종이 커피를 처음 접하게 된 곳도 러시아의 대사관이었다.

러시아의 대표 커피로는 '러시안 커피'가 있는데, 추운 환경적인 영향으로 코코아파우더에 커피를 붓고 설탕을 넣어 마시는 러시안 커피가 발달하였다. 베이커리 종류를 반드시 함께 곁들여 먹는 것으로도 유명하다. 홍차에 잼을 넣는 러시안 티와 같이, 커피에도 단맛을 즐기기 때문에 커피와 크림, 우유, 과일조각, 아이스크림 등을 넣어 마시거나 코냑을 부어 마시기도 한다.

Coffee

커피 에티켓

주위에 대한 배려, 차분히 커피를 즐기는 여유

- 커피를 마시기 가장 적합한 온도는 62℃ 내외이다. 처음 나온 커피의 경우 마시기에 약간 뜨거운 온도를 가지고 있다. 이 경우 불어가면 마시지 않도록 한다. 잠시 담소를 나누면서 커피가 적당한 온도로 식기를 기다린 후 커피를 음미하며 마신다. 마실 때에는 불어 마시는 소리를 내지 않도록 조심한다.
- 티스푼은 커피를 떠먹는 것이 아니고, 설탕이나 크림을 넣고 저어주는 용도로만 사용하는 것이다.
- 각설탕은 손으로 집어넣어도 무방하다. 그리고 상대방을 배려한다고 묻지도 않고 일방적으로 설탕이나 크림을 넣어주는 것은 매우 큰 실례이다.
- 커피잔을 잡는 경우 엄지와 검지를 이용하여 커피잔의 손잡이를 가볍게 잡아준다. 커피잔을 잡을 때 새끼손가락만 솟아오르게 잡는 것은 부자연스러워 보이기도 한다. 손잡이 안으로 손가락을 넣는 것은 예절에 벗어나는 행동이지만, 이렇게 잡기가 힘든 경우 검지를 약간 넣어 잡아도 무방하다.
- 여성의 경우, 커피잔에 립스틱이 묻은 경우 상대방 모르게 살짝 엄지손가락으로 닦아준다.
- 커피잔을 두 손으로 감싸고 마시는 것도 좋지 않다.
- 테이크아웃 커피가 아닌 이상 커피를 마실 때에는 기본적으로 잔과 받침, 그리고 티스푼이 함께 나온다. 이때 주의할 점은 바로 티스푼으로 커피를 떠먹는 것이 아니다.
- 티스푼을 사용한 뒤 컵에 꽂아두지 말고, 받침에 살포시 내려놓는 것이 예의이다.
- 뜨거운 커피를 마실 때 불면서 커피를 마시면 안 된다. 커피가 너무 뜨거워 마시지 못하겠으면, 잠시 기다렸다가 알맞게 식힌 후 마시면 된다.
- 본래 커피는 여유를 가지고 조금씩 음미하면서 맛과 향을 즐기며 마시는 것이다.
- 식사 후에는 식탁에서 커피를 마시지 않는 것이 매너이다.
- 식사가 끝나면 안주인은 거실에서 커피나 식후주를 마시자고 제안한다.

Coffee

- 설탕통에서 설탕을 뜰 경우 반드시 설탕 전용 스푼을 사용하며, 자신의 사용하던 티스푼을 다시 사용해서는 안 된다. 서양인과 일본인은 상대방이 본인 스푼으로 설탕을 떠가는 것을 보면 충격을 받기도 한다. 각설탕은 손으로 집어넣어도 무방하며, 넣은 뒤에는 무리하게 저어가면서 녹이지 말고 천천히 녹여준다.
- 상대의 기호나 취향을 물어보지도 않고 상대방의 커피에 크림과 설탕을 타주는 행동은 매너가 아니다. 특히 개성이 뚜렷한 서양 사람들에게는 매우 불쾌한 일이다.
- 커피를 마실 때 한 모금 정도 입에 머물고 커피향과 풍미를 느끼면서 천천히 마신다. 성격 급한 사람일 경우 무의식중에 커피를 쭉 마시는 경우가 있는데, 이는 예절에 벗어나는 행동이다.
- 가정에서 마시는 경우, 식사 말미에 주인이 커피를 제안하면 식탁에서 커피를 마시지 말고 담소를 나눌 수 있는 거실로 이동하여 커피를 마신다. 이때 커피에 대한 칭찬을 해주는 게 좋다.
- 손바닥이나 잔받침으로 커피잔을 받쳐 들고 마시지 않는다.
- 커피잔을 돌리지 않으며, 대화 도중에 커피잔을 만지작거리지 않는다. 마실 때 커피와 다과를 제공하는 경우가 있다. 이 경우에는 커피잔을 다른 한 손에 다과를 잡지 않는다. 마시는 동안 다과는 내려놓고, 다 마신 후 집어먹는다.
- 설탕을 넣고 너무 휘젓지 않는다.
- 아랍에서는 커피를 거절하면 에티켓에 어긋난다. 커피는 아랍인들에게는 사람을 만나는 친교의 수단 중 하나이다. 아랍인들은 사람을 만나면 100%라고 해도 좋을 정도로 차나 커피를 대접하는데, 이때 커피를 거절하는 것은 큰 실례이다. 아랍의 풍습 중 남자만이 커피를 끓여야 한다는데, 커피를 '신이 주신 선물'이라고 믿기 때문이다.
- 마시는 속도를 잘 조절하도록 하고, 찻잔을 다 비우고 난 뒤 더 이상 마시고 싶지 않다면 가볍게 잔을 흔들어준다. 잔을 흔들지 않으면 '계속 마시고 싶다'는 뜻으로 알기 때문에 계속 따라준다.

: 대화의 선율 :

CHAPTER 02

커피와 예술

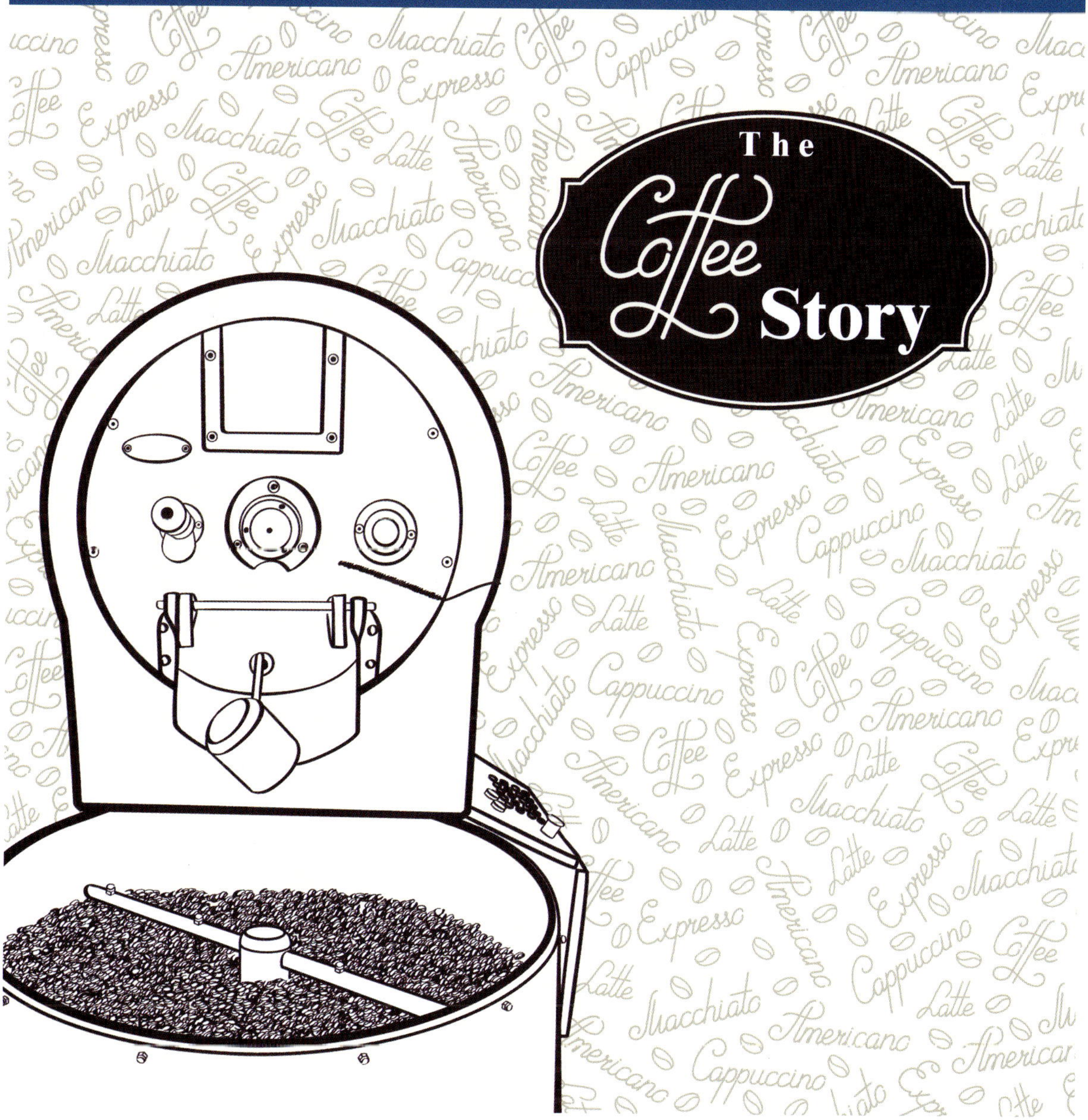

커피와 인물

샤를 루이 나폴레옹 보나파르트

군대에 음료를 커피로 지정한 것은 처음이며, 카페로열을 즐겨 마셨다.

"내게 정신을 차리게 만드는 것은 진한 커피, 아주 진한 커피다. 커피는 내게 온기를 주고 특이한 힘과 기쁨과 쾌락이 동반된 고통을 불러일으킨다."

나폴레옹 황제의 커피라고 일컫는 카페로열

나폴레옹은 진하게 로스팅되어 있는 커피를 내려 데미세타 잔(에스프레소 잔)에 마셨다고 전해진다. 브랜디에 레몬을 넣고 태우는 과정을 거친 후 흘러내리는 액체를 커피에 떨어뜨리는 방식으로 즐겨마셨다.

황제 커피의 힘

나폴레옹은 오스트리아 사절단과의 조약 체결이 뜻대로 이루어지지 않자, 커피잔을 던져버리는 액션을 통해 조약에 사인을 하지 않으면 오스트리아의 운명은 깨진 커피잔과 같이 될 거라고 강력하게 빗대어 협박한 것이다. 이로 인해 그의 뜻대로 강화조약을 체결하였다.

세인트 헬레나

황제의 유배지인 부르종으로, 까다로운 커피가 재배되는 곳이며 황제의 커피 애착이 남아있는 곳이기도 하다.

장자크 루소

문화공간의 카페 성황리

"내가 좋아하는 것은 향기다. 집 근처에서 커피콩을 볶을 때면 나는 서둘러 창문을 열어 그 향기를 모두 받아들인다."

커피의 르네상스 유럽 카페의 발전(유럽 커피문화의 전성기)

"술을 마시면 만취하게 되고 정신을 흐리게 만든다. 하지만 커피는 각성효과로 인해 생각이 더 또렷해진다."

커피가 불러온 변화

존재론의 '데카르트', 지동설의 '갈릴레오', 사과 에피소드로 유명한 '뉴턴'도 실제 1600년대 커피의 전성기에 나온 인물이다. 르네상스, 종교개혁, 계몽주의, 프랑스 대혁명, 산업혁명 등의 많은 변화를 불러왔다.

카페의 발전과 그 전성기

새로운 소식을 접할 수 있는 정보 공유의 장으로, 발전 및 여론 형성의 공간으로 작용하여 시민 민주주의 발전의 토대를 제공해 주었다. 절대왕권에 대한 논리적 비판과 현실적인 대안을 찾기 위해 많은 사람들이 모였으며, 계몽주의 철학자 장자크 루소는 '레장스Regence'라는 카페에 매일 드나들었다.

교황 클레멘트8세

유럽 커피 보편화의 시작
음식으로 세례를 받은 건 커피가 처음이자 마지막

'악마의 음료'라 불리는 이 음료는 어떤 음료보다도 맛있는 음료이다. 우리 인류는 이 음료로부터 세례를 받았다. 진짜 그리스도 신자의 음료라는 자격을 받았다.

유럽 커피문화의 시작

- 악마의 음료

유럽에 커피가 처음 들어와 유럽인들 사이에 커피문화가 정착되기 위해서는 두 가지 조건이 필요했다. 기독교의 입장에서는 '악마의 음료', '사탄의 음료'라 할 수 있었으나, 대중이 마시고 싶어 하는 마음에 축복을 내려 마실 수 있게 하였다.

- 커피 보편화의 시작

교황은 커피에 대해 "감미로운 음료다. 커피에 세례를 베풀고, 악마를 바보로 만들어 기독교인의 음료로 만들자"고 하였다. 세례를 줌으로써 기독교의 공식 음료로 지정되었으며, 이는 유럽에서의 커피 보편화에 영향을 미쳤다. 커피문화는 험난한 길을 극복하고 유럽 전반에 전파되었으며, 유럽인들의 문화 중심에 다양하게 자리매김하였다.

그 외 커피 애호가의 명언

빌리조엘Billy Joel : 음악가, 밴드

"내 커피잔 속에 위안이 있다."

도스토예프스키Dostoevskii : 소설가

"내가 지금 한 잔의 커피를 마실 수 있다면, 세상이 어떻게 되더라도 상관없다."

샤를 몽테스키Charles-Louis de Secondat : 프랑스 사상가

"커피는 사람을 재치 있게 만든다."

제임스 매킨토시James Mackintosh : 영국 평론가, 정치가

"사람의 정신력은 바로 그가 마신 커피의 양에 비례한다."

패트릭 헨리Patrick Henry : 미국 정치가, 독립운동 지도자

"내게 커피를 주시오, 그렇지 않다면 죽음을 주시오."

클라크 게이블Clark Gable, William Clark Gabie : 영화배우

"카리스마적인 커피를 마시기 전까지 나는 절대 웃지 않는다."

아브라함 링컨Abraham Lincoln : 미국 16대 대통령

"만약 그게 커피라면 내게 차를 주시오, 만약 그게 차라면 내게 커피를 가져다주시오."

시드니 스미스Sidney Smith : 영국 수필가

"이해력을 높이고 싶다면 커피를 마셔라, 커피는 인텔리전트 음료다."

커피를 소재로 한 음악

바흐의 〈커피 칸타타〉

바흐시대의 라이프치히에서는 커피를 마시는 것이 유행이었다. 각 가정에서뿐만 아니라 시내의 여러 커피하우스들에서도 커피와 담소를 즐기는 사람들이 가득하였다. 사람들의 사교장 역할을 하던 커피하우스에서는 종종 소규모의 공연이 열리기도 하였다(〈커피 칸타타〉도 이때 공연을 위해 제작된 작품 중 하나이다).

이 당시 여성들은 커피하우스 출입이 금지되었는데, 이를 은근히 비꼬아 풍자한 가사를 〈커피 칸타타〉 곡에 붙였다. 커피 때문에 벌어지는 부녀간의 실랑이를 다룬 내용으로 술도, 담배도 아닌 커피를 못 마시게 한 아버지와, 커피를 마시지 말라고 할수록 점점 커피에 대한 깊은 애정이 더욱 강해지는 딸에 대한 이야기를 재밌게 표현해 낸 곡이다. 딸이 커피에 대한 애정이 강했던 걸 보니 예나 지금이나 커피의 카페인 성분은 여전한가 보다.

〈커피 칸타타〉는 부녀간의 실랑이를 다룬 내용이지만, 내용을 모르고 음악만 듣는다면 잔잔하면서도 밝고 경쾌한 클래식 음악 같다. 또한 그 시대의 사회 현실을 톡톡 튀는 귀엽고 코믹하게 풍자한 점도 의미 있는 것 같다. 처음에는 그저 〈커피 칸타타〉가 지루한 종교 음악인 줄 알았지만, 가사를 알고 그 내용을 이해하면서 보면 그 시대도 얼마나 커피가 인기 있었는지, 그리고 커피를 마시면서 느끼는 편안함과 분위기를 좋아하는 건 지금과 다를 게 없다는 것도 알았다. 또 그 속에 담긴 내용에서 커피를 먹고 싶은 딸이 아버지를 설득하는 귀여움까지 느낄 수 있는 흥미로운 작품이다.

국내 광고에서도 자주 등장했던 칸타타 커피도 바흐의 〈커피 칸타타〉에서 비롯되었다. 바흐의 이 음악도 일종의 커피광고 음악인데, TV가 없던 18세기에도 오늘날의 CM송과는 다르지만 은근한 커피 홍보효과로 만든 노래였던 것 같다.

맨해튼 트랜스퍼의 〈Java Jive〉

OST로 커피프린스의 삽입되었던 익숙한 팝송이다. 미국의 재즈 아카펠라 보컬그룹인 '맨해튼 트랜스퍼'의 〈Java Jive〉인데, 세계적으로 유명한 음악이다. 〈Java Jive〉의 가사 내용은 온통 커피에 대한 애정과 커피에 대한 사랑으로 가득한 커피음악인 것 같다. 반복되는 커피와 러브의 반복으로 이 음악이 얼마나 커피에 대한 애정을 가지고 만든 음악인지를 알 것 같다.

약간 늘어지는 음악이면서도 귀에 쏙쏙 들어오는 멜로디와, 보컬들의 멋진 화음으로 커피음악을 논할 때 빠져서는 안 되는 음악이라 생각된다. 듣고 있으면 나른한 음악이지만, 하늘이 보이는 오픈된 테라스에서 커피를 마시며 휴식을 즐길 수 있는 음악이다.

티파니에서 아침을 OST 〈Moon River〉

'티파니에서 아침을'이라는 영화는 오드리 헵번의 아름다움을 담아낸 고전 영화이다. 이 영화에 나오는 〈Moon River〉는 커피에 관한 음악은 아니지만, 커피 한 잔을 마시며 듣기 좋은 음악인지라 이에 대한 이야기를 한다.

영화 오프닝에서 〈Moon River〉가 잔잔하게 흐르고, 오드리 헵번은 보석상 앞에서 빵과 커피로 아침식사를 한다. 50년이 지난 지금도 이 장면은 세계 명장면으로 손꼽힌다. 이 장면 하나만으로도 많은 사람들이 길거리에서 커피와 빵을 손에 들고 다니지 않을까를 상상한다. 아름다운 오드리 헵번이 든 커피는 그 무엇보다 우아했기에, 많은 여성들이 커피를 들고 다니는가보다. 부드러운 기타 선율과 아름다운 목소리의 화음이 어우러진 이 음악을, 커피를 마시면서 들으면 마치 내가 영화주인공 같다.

어반 자카파의 〈커피를 마시고〉

어반 자파카는 홍대에서 활동을 하고 있는 인기밴드이긴 하지만, TV 출연뿐만 아니라 종종 음악 사이트에서도 상위에 랭크가 될 정도로 인기 있는 그룹이다. 많은 명곡들이 있지만, 그 중에서 젊은이들이 즐겨듣는 〈커피를 마시고〉라는 음악이 있다. 이 곡은 카페에서 한 번씩 들어봤음직한 음악으로 유명세를 떨쳤다. 헤어진 연인을 그리워하고, 커피를 추억삼아 연인을 커피의 달콤함과 포근함에 비유함으로써 더욱 애틋하고 감수성이 넘치는 음악이라 할 수 있다.

좋아서 하는 밴드의 〈두 잔의 커피가 미치는 영향〉

커피에 관한 음악을 찾다가 우연히 듣게 된 음악인데, 이 밴드 역시 홍대에서 활동하는 인기 밴드이다. 〈두 잔의 커피가 미치는 영향〉이라는 제목에서부터 커피와 너무 잘 어울리고 또 음악을 들어보면 잔잔하면서 꾸밈없는 보컬의 음성이 너무나 잘 어울린다. 커피를 사랑하는 사람에 비유해서 표현한 음악이면서, 잠 못 드는 하루와 가슴이 쿵쿵 뛰는 설레는 마음을 커피 두 잔을 먹었을 때처럼의 가사와 함께 너무 아름다운 음악이다.

허밍 어반 스테레오 〈커피 한 잔 어때?〉

커피에 대한 관심이 급증하고 있는 시기에 커피에 대한 영화 · 드라마가 많이 제작되었다. 그 중 가장 화제가 된 '커피프린스 1호점'이라는 드라마가 있다. 이 드라마의 OST인 〈커피 한 잔 어때?〉는 전주 부분에서부터 커피를 따르는 소리와 함께 사람들의 대화소리가 들린다. 이 부분은 마치 자신이 카페에 있는 느낌을 가지도록 해준다. 가사도 커피의 쓴맛보다는 달달한 맛을 좋아하는 마음으로 표현해서 그런지, 더욱 커피가 사랑스럽게 느껴진다.

'커피프린스' 경영을 통해 커피의 맛을 알게 된 최한결(공유)과, 커피를 좋아하시던 아버지의 영향으로 커피의 향을 식별할 수 있는 절대후각으로 커피에 대한 관심과 사랑이 날로 깊어져 바리스타로서의 꿈을 갖게 되는 고은찬(윤은혜)이 달달하게 사랑하게 되는 것과 같은 노래이다.

강균성 of 노을, As One의 〈Love is Coffee〉

노을의 강균성과 애즈원이 같이 부른 〈Love is Coffee〉는, 기존 커피를 주제로 했던 음악들보다 많은 종류의 커피가 등장한다. 여러 커피를 그날의 기분에 따라 씁쓸하거나 달콤한 커피로 표현하며, 자신을 위로 하는듯한 아기자기한 가사들과 멜로디는 마음에 와 닿는 것 같다. 기타 선율과 귀여운 실로폰소리가 귀에 쏙쏙 들어온다.

커피는 사람들이 모이는 곳의 중심에 있으며, 이로 인해 카페에는 항상 사람들이 붐빈다. 커피가 건강에 해롭다는 이야기를 듣고 마시는 것을 즐겨하지 않는 사람들도 종종 있지만, 부드러운 향에 대해서는 누구나 공감할 수 있을 것이다. 단순히 커피를 마시기 위해서가 아닌 분위기를 즐기기 위해서는 향뿐만 아니라 음악도 함께 곁들일 수밖에 없다.

이른 아침에 느끼는 향기로운 커피향, 함께 야근하는 동료에게 건네는 위로와 응원의 커피 한 잔, 일과를 마친 후 연인 혹은 혼자서라도 여유롭게 즐기는 커피 등 커피는 우리의 일상 속에서 희로애락을 같이한다. 커피를 마시면 심장이 뛰고 잠을 못 이루게 되면서 감수성이 풍부해지는 밤이 되듯이, 사람들은 커피를 마시면 항상 달달하고 로맨틱한 환상에 빠져 음악과 함께 커피를 즐기는 것 같다.

10센치 〈아메리카노〉, 〈사랑은 은하수다방에서〉

보통 카페에서는 잔잔하고 분위기 있는 음악과 함께 커피를 마신다. 그렇지만 이 노래들로 인해 신나는 노래도 커피와 잘 어울릴 수 있다는 사실을 알게 된다.

먼저, 〈아메리카노〉는 '아메리카노'라는 단어를 반복해서 그런지 카페와도 어색하지 않았고, 개성 있는 보컬과 반복되는 리듬, 그리고 재치 있는 가사가 나도 모르게 절로 흥얼거리게 만들어준다. 이 노래를 듣기 전까지는 항상 달달한 커피만을 고수해오던 내 자신이 아메리카노에 관심을 가지고 마셔보게 된 계기가 되었다.

두 번째, 〈사랑은 은하수다방에서〉 역시 잔잔한 노래는 아니지만, 배경 자체를 카페로 해서 그런지 커피가 있는 카페와 잘 어울린다. 게다가 실화를 바탕으로 만들어서 그런지 가사가 좀 더 마음에 와 닿는다. 〈사랑은 은하수다방에서〉가 유명세를 타면서 이 노래를 만들었다는 '은하수다방' 역시 유명세를 타게 되었다. 은하수다방에서 이 노래를 들으며 아이스 아메리카노 한 잔 마셔보고 싶은 마음이다.

커피와 영화

아웃 오브 아프리카Out of Africa

이 영화는 1985년에 개봉한 영화로써 아프리카 사바나 지역의 아름다운 풍광을 볼 수 있는 영화이다. 통상 아프리카 하면 떠올리는 것이 기아, 질병, 내전, 사막 등일 것이다. 지금 아프리카에 있는 많은 나라들이 그런 어려움으로 몸살을 앓고 있다.

19세기 후반 서구 열강들은 아프리카를 두고 쟁탈전을 벌였다. 1884년 독일 베를린에서 회의가 열린다. 이 회의에서 스페인, 독일, 이탈리아, 영국, 프랑스 등 서구 강대국들은 아프리카의 땅을 두고 전쟁하면 서로 피해가 가니, 그 대신 다른 나라보다 먼저 무역기지와 선교사무소를 차리면 그곳을 그 나라의 점령지로 인정하기로 협약을 체결한다. 그리하여 1900년경에 이르라 아프리카 거의 전체가 유럽의 식민지로 전락하고 만다. 열강들에게 아프리카 토착민들은 착취의 대상이었을 뿐, 같은 인간이 아니었다. 아프리카 토착민에 대한 이런 태도는 훨씬 이전부터 굳어 있었다. 유럽인들은 흑인들을 사냥하여 삼각무역을 통해 노예로 팔아왔던 것이다. 따라서 현재 아프리카의 고통은 많은 부분 서구 열강의 침략과 착취에 기인한다 해도 무리는 아닐 것이다.

'아웃 오브 아프리카'는 주인공 카렌도 원래 덴마크 여자이다. 그럼에도 아프리카 케냐에 여의도만큼 넓은 농장을 소유하고 있다. 카렌은 덴마크에서 결혼에 실패하자 케냐로 이주한다. 다시 결혼을 하지만 결혼생활은 순탄하지 않았다.

그 즈음(1914년) 제1차 세계대전이 발발하고, 남편의 부탁을 받은 카렌은 전쟁 보급품을 큰 수레에 싣고 사바나 초원을 따라 남편을 찾아 간다. 남편과 관계가 순탄하지 않았던 그녀는 사바나에서 자유롭게 살아가는 남자 데니스를 만나 사랑에 빠지고, 데니스가 구해온 경비행기를 타고 사바나 하늘을 난다. 비행기에서 내려다본 들소와 새 떼들, 푸른 초원과 밀림, 폭포, 하늘과 그름의 아름다움은 말로 표현하기 어렵다. 그러나 카렌은 원주민 착취에 능하지 못해 빚에 시달린다. 커피농사가 잘되어 빚을 갚는가 했더니, 불이 나서 모두 타버리고 만다. 설상가상으로 데니스도 비행기 추락으로 사망한다. 카렌은 더 이상 아프리카에 머물 수가 없었다.

그러나 아프리카를 떠나기 전 반드시 해결해야 할 문제가 하나 있었다. 농장 귀퉁이에서 살아가는 원주민들이 계속 그곳에서 살 수 있도록 관계자들에게 부탁하는 일이다. 카렌은 총독을 찾아가 원주민들이 살 땅을 달라고 사정했다. 원래 그들의 땅을 빼앗았으니 그 정도 배려는 해야 하는 것 아니냐고 항변하며 사정한다. 카렌은 원주민 청소년들에게 글을 가르치기 위해 노력한다. 글을 알아야 한다는 카렌의 주장에 대한 추장의 대답은 냉소적이고 비판적이다. "글을 배워서 좋은 게 뭐가 있나요?" 추장의 이 말은 서구 문명에 대한 비판과 냉소가 가득 차 있다. 우리의 현대적인 삶이 과거 자연과 더불어 살아가던 사람들의 삶보다 행복할 수 있는지 생각하게 만드는 영화이다.

가 비

감　독 장윤현

개　봉 2012년 3월 15일

명대사 "나는 가비의 쓴맛이 좋다. 왕이 되고부터는 무엇을 먹어도 쓴맛이 났다. 그런데 가비의 쓴맛은 오히려 달게 느껴지는구나."

리　뷰 '고종암살 작전'이라는 사건과 역사적 배경을 통해 고독한 조선의 마지막 황제 고종이 먹던 커피는 매혹적으로 다가온다. 그리고 최초의 바리스타 '따냐'가 보여주는 조선시대의 커피추출 장면은 가장 인상 깊었으며, 이 영화에서 가장 매력 있는 장면으로 꼽을 수 있다.

1896년, 고종(박희순)이 러시아 공사관으로 피신(아관파천)을 준비하던 혼돈의 시기, 러시아 대륙에서 커피와 금괴를 훔치다 러시아군에게 쫓기게 된 일리치(주진모)와 따냐(김소연)는 조선계 일본인 사다코(유선)의 음모로 조선으로 오게 된다.
고종의 곁에서 커피를 내리는 조선 최초의 바리스타가 된 따냐, 그녀를 지키기 위해 사카모토(주진모)란 이름으로 스파이가 된 일리치, 그들은 사다코로 인해 은밀한 고종암살 작전에 휘말리면서 전개되는 이야기이다.

카모메식당

간　독　오기가미 나오코
개　봉　2007년 8월 2일
명대사　"세상이 끝날 때 꼭 저도 초대해 주셔야 해요."
리　뷰　주인공의 가게로 한 명, 두 명 사연이 있는 사람들이 모여들면서, 카모메식당은 커피를 마시는 곳이 아닌 마음의 짐을 내려놓게 되는 안식처 같은 식당이 되어버리는 가슴 뭉클한 이야기이다.

헬싱키의 길모퉁이에 새로 생긴 카모메식당. 이곳은 야무진 일본인 성 사치에(고바야시사토미)가 경영하는 조그만 일식당이다. 주먹밥을 대표 메뉴로 내놓고 손님을 기다리지만, 한 달째 파리 한 마리 날아들지 않는다. 일본만화 마니아인 토미가 첫 손님으로 찾아와 대뜸 '독수리 오형제'의 주제가를 묻는가 하면, 눈을 감고 세계지도를 손가락으로 찍은 곳이 핀란드여서 이곳까지 왔다는 미도리(가타기리 하이리)가 나타나는 등 하나 둘씩 늘어가는 손님들로 카모메식당은 활기를 더해간다. 사치에의 맛깔스런 음식과 함께 식당을 둘러싼 사연 있는 사람들의 정체가 서서히 밝혀진다.

타이페이 카페스토리

감 독 샤오 야 췐
개 봉 2011년 7월 7일
명대사 "정말 이상해! 돈을 버는 것은 목표이고, 세계여행은 헛된 꿈이라고?"
리 뷰 자신의 삶이 방황기라면 방황의 정리를 도와줄 영화이다.

누구나 꿈꿀 법한 따스하고 평화로운 공간인 두얼의 카페가 오픈했다. 그녀의 오랜 바람이 드디어 이루어진 것! 하지만 손님들의 발길은 뜸하기만 하다. 그러던 어느 날 함께 카페를 운영하던 여동생 창얼은 개업 선물로 받은 잡동사니들의 물물교환을 제안하고, 얼마 지나지 않아 그녀들의 카페는 타이페이의 명소로 자리 잡는다. 처음엔 탐탁지 않아 하던 두얼도 35개의 비누에 담긴 35개의 도시 이야기를 들려주는 한 남자와 마음을 주고받게 되고 마침내 36번째 이야기를 찾기 위한 새로운 꿈을 꾸기 시작한다.

CHAPTER 03

국가별 커피의 특징

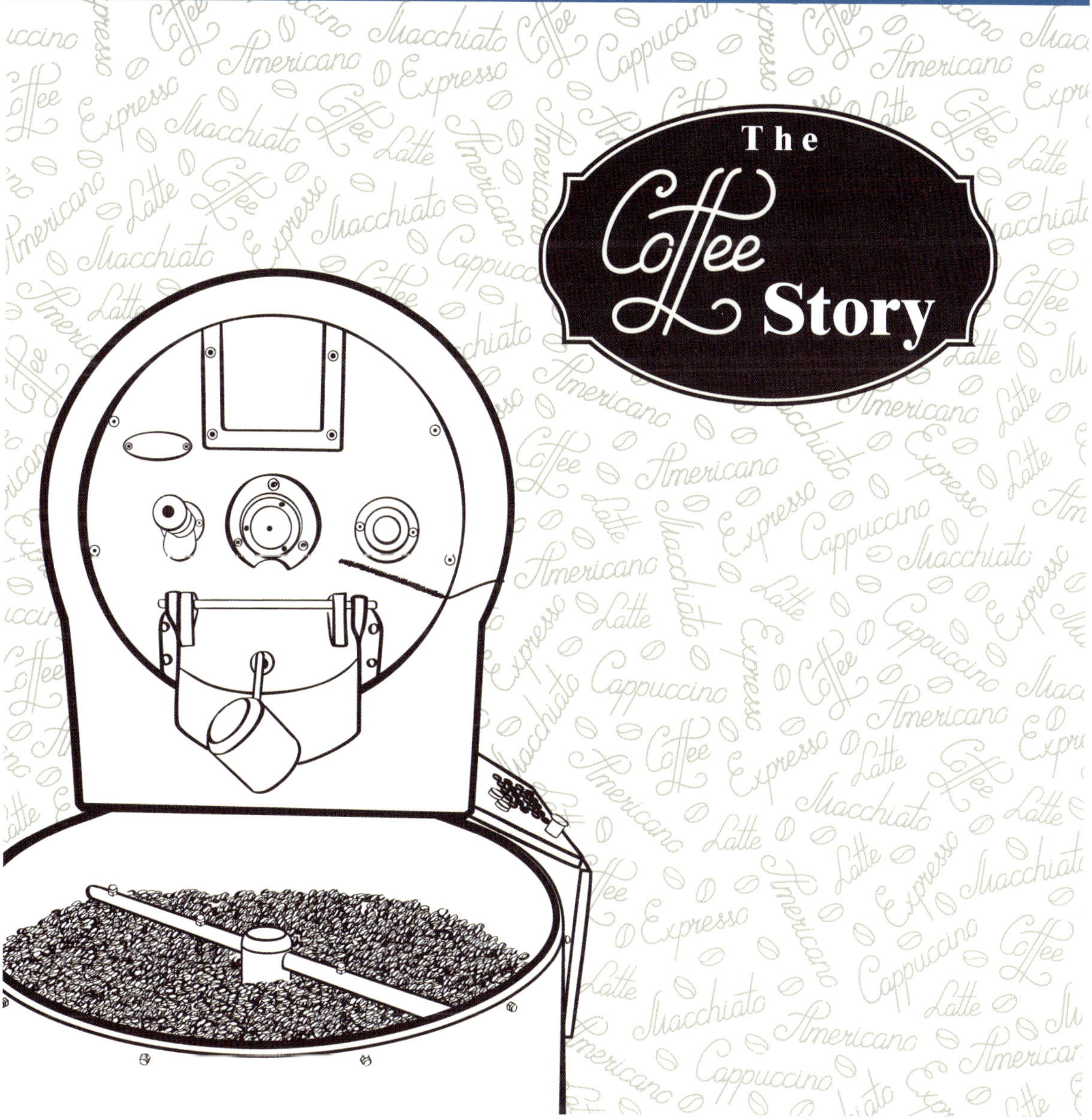

PARCHMENT PAPER
Waialua
Peaberry
COLOMBIAN DECAF
MEDIUM ROAST
DARK ROAST
PEABERRY COFFEE
DECAF

아프리카 지역 커피의 특징

콩고민주공화국Democratic Republic of the Congo

수도 킨샤사
언어 프랑스어, 스와힐리어, 링갈라어
면적 약 234만㎢, 한반도의 10.618배
인구 약 8,400만 명, 세계 16위
GDP 약 484억5,800만 달러, 세계 87위

대부분의 커피는 키부 호숫가와 니라공고 화산의 언덕에서 생산된다. 풍부한 화산 토양과 키부 호수와 니라공고 화산으로부터 오는 미기후Micro-Climate의 영향으로 독특한 플레이버와 적절한 산미 및 풍부한 바디감을 갖는다. 콩고 아라비카 및 로부스타는 이탈리아에서 고급 에스프레소 블랜딩용으로 많이 사용되며 스페셜티 로스터들에 의해 싱글 오리진용으로도 사용된다. 가장 좋은 콩고 커피는 북동 지역에서 생산되며, 특히 오리엔탈과 키부 지역이 유명한데, 이 지역에서는 가장 좋은 피베리와 코끼리 원두의 일부를 생산한다.

콩고민주공화국은 EAFCA동부아프리카 고급 커피협회의 회원국이 되었고, 아라비카와 로부스타 원두를 미국, 이탈리아, 프랑스에 수출하며 국제시장에 최고품질의 커피를 제공하고 있다. 풍미는 기분 좋은 맛이며 어느 정도 산도가 있는 커피로 블랜딩용으로 적합하며, 로스팅은 중간 정도부터가 강하다.

르완다Rwanda

수도 키갈리
언어 키냐르완다어, 프랑스어, 영어
면적 약 2만6천㎢, 한반도의 0.119배
인구 약 1,250만 명, 세계 77위
GDP 약 102억1,100만 달러, 세계 141위

스페셜티 커피의 신흥생산국으로, 생산지는 르완다 동부 및 북부, 키브호 연안의 북부 및 남부 등 넓은 지역에 분포되어 있다. 재배는 주로 1,500미터에서 2,000미터의 고지대 화산 재질의 토양에서 이루어지며, 등급은 명확한 규격을 정립하는 단계이다. 정제는 이전에는 내추럴이 많았지만, 현재는 워시드가 주를 이루고 있다. 이 정제 방식을 워시드로 바꾸면서 품질이 비약적으로 향상되었다.

품종은 대부분이 부르봉종인데, 크기가 작은 부르봉종은 향이 풍부하고 맑은 향미가 있으며, 고품질 커피에서는 체리 같은 향미가 나는 게 에티오피아의 워시드 커피와 비슷하다.

탄자니아Tanzania

수도 도도마
언어 스와힐리어, 영어
면적 약 94만㎢, 한반도의 4.289배
인구 약 5,909만 명, 세계 24위
GDP 약 610억3,200만 달러, 세계 77위

탄자니아 커피는 킬리만자로(또는 탄자니아AA)로 대표되며, 유럽에서는 '커피의 신사', '영국 왕실의 커피'로 칭송받고 있다.

아라비카의 수확은 10월에서 다음해 2월경으로 주로 습식법Wet Method으로 가공하고, 로부스타는 6월에서 12월에 수확하여 건식법Dry Method으로 가공한다. 가장 대표적인 커피는 킬리만자로이며, 생두는 회색빛이 도는 녹색으로 강한 신맛과 뛰어난 향을 가지고 있다. 탄자니아 커피는 전체적으로 부드럽고 깔끔한 맛을 가진 것으로 알려져 있으며, 향은 꽃향기가 날 때가 있고 은은하면서도 진한 향을 가진 것이 특징이다.

에티오피아Ethiopia

수도 아디스아바바
언어 암하라어, 영어
면적 약 110만㎢, 한반도의 5배
인구 약 10,753만 명, 세계 12위
GDP 약 909억6,800만 달러, 세계 65위

에티오피아는 아라비카커피의 원산지이다. 아프리카 최대의 커피 생산국이며, 커피의 고향으로 알려져 있다. 에티오피아에서는 커피를 '커피'라 하지 않고 '분나' 또는 '부나'라고 부른다. 또 에티오피아에서 예멘 등 여러 나라에 커피가 확산되어 커피열풍을 일으켰다.

생산 커피로는 하라Harrar, 이르가체페Yrgachrffe, 리무Limu, 시다모Sidamo 등이 있다. 시다모는 부드럽고 풍부한 산미와 꽃향기가 나는 커피이며, 카페인이 거의 없어 저녁에 마시기 좋다. 하라는 풍미는 적으나 꽃향기가 나는 모카로 모닝커피로 적합하다.

케냐Kenya

수도 나이로비
언어 영어, 스와힐리어
면적 약 58만㎢, 한반도의 2.628배
인구 약 5,095만 명, 세계 28위
GDP 약 992억4,600만 달러, 세계 63위

19세기 후반 에티오피아를 통해 처음으로 커피가 도입되었고 합리적인 재배, 가공, 판매 시스템과 국가 차원으로 품질개발이 진행되었으며, 기술교육을 통해 아프리카를 대표하는 커피 생산국으로 인정받고 있다. 대부분 1,500미터 이상의 고원지대에서 재배되는데, 재배품종은 아라비카로 습식법Wet Method을 이용하여 가공한다. 케냐산 고원 지역의 우간다 접경 지역 엘른, 나쿠루 동부 지역, 카니이 서부 지역 생두는 대체로 밝은 청록색을 띠며 향미와 강한 신맛 또는 씁쓸함이 특징이다.

케냐 지역은 열대 사바나 기후 지역으로 커피를 생산하기에 좋은 환경을 가지고 있으며, 동아프리카 지구대에 위치하여 고원지대가 형성되기 유리한 조건이다. 선진국의 자본과 현지인들의 노동력이 합쳐진 플렌테이션형 농업으로 재배한다.

중남미 지역 커피의 특징

자메이카Jamaica

수도 킹스턴
언어 영어
면적 약 1만㎢, 한반도의 0.05배
인구 약 289만 명, 세계 139위
GDP 약 161억5,200만 달러, 세계 121위

자메이카는 포틀랜드, 세인트 토마스, 세인트 앤드류, 세인트 메리, 맨체스터 등에서 주로 생산한다. 그 생산량은 24,000톤이며, 아라비카종을 8월에서 9월 사이에 수확한다. 가공방식은 습식법Wet Method을 사용하며 블루마운틴Blue Mountain이 대표적인 커피이다. 재배지 고도에 따른 등급분류(4등급)를 하고 있으며, 고가의 커피이기 때문에 국내에서는 스트레이트 커피로 마시기보다는 소량을 블랜딩하는 경우가 많다. 자메이카의 원두는 최고급품으로써 크기가 크고 밀도가 높으며, 향이 풍부하고 신맛과 쓴맛이 조화를 이룬다.

푸에르토리코Puerto Rico

수도 산후안
언어 영어, 스페인어
면적 약 1만3천㎢, 한반도의 0.062배
인구 약 365만 명, 세계 133위
GDP 약 1,035억600만 달러, 세계 62위

푸에르토리코는 19세기에 커피농장이 번성했으나, 허리케인과 전쟁으로 인해 황폐해졌다가, 1991년부터 미국이 관여하면서 많은 자본을 커피에 투자하여 다시 활발해졌다. 주요산지는 중서부 해발 200미터에서 1,100미터까지 재배되고 있으며, 품종은 주로 아라비카종이나 로부스타, 엑셀사 등도 일부 생산한다. 수확 시기는 1월에서 5월에 꽃이 피어 8월에서 9월에 수확하며, 가공방법은 주로 습식법Wet Method을 이용하고 포장단위를 45.3kg씩으로 한다.

대표커피로는 야우코 셀렉토Yauco SElecto, 그랜드 라레스Grand Lares인데, 특히 야우코 셀렉토는 버번종으로 캐리비안 마운틴이라 부를 만큼 품질이 좋다. 푸에르토리코 커피는 과일 같은 단맛과 향기가 나는 동시에 부드럽다는 특징이 있다. 또한 그 향이 깊고 대체적으로 중후한 느낌이다. 짙은 초록색을 띠며, 그다지 큰 콩은 아니지만 구하기가 힘든 스페셜티 커피 중의 하나이다.

니카라과Nicaragua

수도 마나과
언어 스페인어
면적 약 13만㎢, 한반도의 0.59배
인구 약 628만 명, 세계 109위
GDP 약 126억1,200만 달러, 세계 135위

니카라과의 커피생산 지역은 중북부 지노테가Jinotega, 중부 마타갈파Matagalpa, 북부 세고비아Segovia 등 전 지역에서 생산한다. 품종으로는 버번Bourbo, 카투라Catura, 티파카Typica 등이 있으며, 수확 시기는 11월에서 이듬해 3월까지 수확한다. 습식법Wet Method을 사용하여 가공하고 있으며, 생산고도에 따른 등급으로 분류한다.

특징으로는 원두가 큰 편이고 견과류의 고소함과 조화로운 향미, 부드러운 신맛, 적절한 바디감을 가지고 있으며, 진한 맛과 뒷맛이 깨끗한 향으로 전체적으로 봤을 때 맛의 균형이 좋은 클래식한 향미를 가졌다는 평가를 받는다. 다른 중미국가의 커피와 차별되는 점은 100% 그늘재배와 햇볕건조를 한다는 점이다.

파나마Panama

수도 파나마시티
언어 스페인어
면적 약 7만5천㎢, 한반도의 0.342배
인구 약 416만 명, 세계 130위
GDP 약 701억5,500만 달러, 세계 71위

파나마는 콜롬비아와 코스타리카에 비해 저평가된 SHB급의 고급 스페셜티 커피를 생산하고 있다. 케냐와 탄자니아에서 처음 재배된 후 코스타리카를 통해 파나마에 커피가 유입되었다. 재배품종은 게이샤, 카투라, 카투아이, 티피카 등으로, 주요 생산지역은 보큐테Boquete, 볼칸 바루Volcan Baru, 삐에드라 칸델라Piedra de Candela 등에서 생산되고 있다.

대표적 커피인 게이샤는 그 생산량이 매우 적어 파나마에서도 높은 가격에 수출되고 있다. 수확 시기는 1월에서 3월 사이로 습식법Wet Method으로 가공되고 있다. 특징으로는 깔끔하고 밸런스가 좋으며 과일의 상큼한 맛과 향을 가지고 있고, 신맛이 달콤하고 바디감이 가벼운 편이다.

과테말라Guatemala

수도 과테말라시티
언어 스페인어
면적 약 10만㎢, 한반도의 0.493배
인구 약 1,724만 명, 세계 67위
GDP 약 823억3,500만 달러, 세계 68위

과테말라는 1750년대에 커피가 처음 소개되었으나, 19세기 초반에 이르러 본격적인 생산이 시작되었다. 주요 생산지로는 안티구아 과테말라Antigua Guatemala, 코반Coban, 우에우에테낭고Hue Huetenango, 산타 로사Sante Rosa, 산 마르코스San Marcos 등이 있다.

전형적인 아라비카 품종인 타이피카Typica와 버본 품종을 주로 경작하고 있는데, 국토 대부분이 미네랄이 풍부한 화산재 토양으로 이루어져 있고, 기후 또한 건기와 우기가 뚜렷하며 일교차와 습도차가 커서 커피 재배에 이상적이다. 가공방법은 주로 그늘 경작법Shade Grown, 습식법Wet Method을 사용하고 있다.

온두라스Honduras

수도 테구시갈파
언어 스페인어
면적 약 11만㎢, 한반도의 0.508배
인구 약 941만 명, 세계 95위
GDP 약 246억5,100만 달러, 세계 107위

온두라스는 18세기 이전부터 커피가 재배되었을 것으로 추정한다. 국토의 70~80%가 고지대 산악지형으로 이루어져 있고, 커피 재배에 적합한 화산재 토양을 가지고 있다. 주요 생산지는 커피 경작에 이상적인 해발 1,000미터에서 1,700미터의 고지대 이상에 위치한 산타바르바라Santa Barbara, 코판Copan, 렘피라Lempira, 라파스La Paz 등에서 재배된다.

가장 유명한 커피로는 온두라스 SHG, 온두라스 HG 등이 있으며, 원두는 대체로 둥글고 외형이 균일한 편이다. 맛은 부드러운 신맛과 캐러멜향, 약간의 쓴맛이 조화를 이루어 스트레이트 커피Straight Coffee로도 이용하지만 주로 블랜딩Blending에 많이 사용된다.

코스타리카CostaRica

수도 산호세
언어 스페인어
면적 약 5만1천㎢, 한반도의 0.231배
인구 약 495만 명, 세계 121위
GDP 약 604억5,900만 달러, 세계 79위

코스타리카는 1779년 쿠바를 통해 처음 커피가 소개되었고, 1808년부터 재배를 시작하였다. 1820년부터 커피를 수출하기 시작하여 현재는 3대 수출 품목 중 하나로 국익의 대부분을 차지하고 있다. 국토의 대부분이 무기질이 풍부한 화산토양과 온화한 기후로 이루어져 있어, 커피 생산국 중에서도 면적당 커피 생산량이 가장 높고 커피의 품질 또한 우수한 것으로 알려져 있다.

커피 품종은 아라비카Arabaca만을 재배할 수 있도록 법적으로 규제하고, 커피 고유의 품질을 최대로 유지할 수 있는 습식 가공법Wet Method만을 고집하여 세계적으로 '완벽한 커피'로 칭송받고 있다. 협회에서는 생산자들의 권익증진을 위해 자율적인 유통에는 개입하지 않고, 수출허가는 반드시 협회를 통하도록 하고 있다.

쿠바Cuba

수도 아바나
언어 스페인어
면적 약 11만㎢, 한반도의 0.502배
인구 약 1,148만 명, 세계 80위
GDP 약 871억 3000만 달러

쿠바는 중앙아메리카 카리브해 서부, 서인도 제도에 있는 나라로 '카리브해의 진주'라 불린다. 기후는 연간 강수량이 1,900㎖ 이상이며, 일교차 또한 10℃ 이상의 기후조건과 비옥한 토양으로 인해 자메이카 블루마운틴에 필적하는 크리스탈 마운틴 커피를 생산한다.

품종은 아라비카종만 생산하며, 일본과 프랑스에 생산량의 80% 정도를 수출한다. 1800년대 초반에는 광범위하게 커피를 재배했으나, 이후 설탕산업이 중심산업으로 자리 잡고 정치적으로 불안정해지면서 커피재배가 줄어들었다. 가공법은 대부분 습식으로 정제하지만, 약 10% 정도는 건식으로 정제한다. 세계적인 소설가이며 커피 애호가인 헤밍웨이가 오랜 세월을 아바나 동쪽에 살며 시간을 보낸 것으로도 유명한데, 그곳에서 『노인과 바다』, 『무기여 잘 있거라』라는 불후의 명작을 남겼다.

아이티Haiti

수도 포르토프랭스
언어 프랑스어, 크리올어
면적 약 2만7천㎢, 한반도의 0.126배
인구 약 1,111만 명, 세계 85위
GDP 약 96억200만 달러, 세계 143위

아이티는 커피를 재배하는 농민들이 워낙 많아 관리가 잘되지 않고 질이 떨어지나, 고산지대에서 제대로 관리된 커피는 고가에 거래되고 있다. 커피가 생산되는 지역은 약 14만ha에 이르며, 전체 농지의 16%를 차지하고 있다. 재배종은 100% 아라비카종이며, 이 중 90%가 티피카종이다. 가공 방식은 수세 건조식이 10%, 자연 건조식 90%를 사용하고 있다.

고지산 워시드 커피는 풍부한 바디와 향미가 특징이고, 저지산 안워시드는 나머지 대안 상품으로 구성되어 있다. 그 특징으로는 고지대산 수세식 커피는 달콤하고 너티Nutty한 맛과 감귤류의 향미를 가지고 있으며, 자연식 커피는 강한 바디감과 낮은 산미와 더불어 다크 초콜릿과 견과류의 향미를 느낄 수 있다.

콜롬비아Colombia

수도 보고타
언어 스페인어
면적 약 113만㎢, 한반도의 5.157배
인구 약 4,946만 명, 세계 29위
GDP 약 3,365억9,900만 달러, 세계 39위

콜롬비아는 브라질 다음의 세계 2위 커피 생산국으로, 최근 베트남에 2위 자리를 넘겨주었으나 수세식 아라비카종은 1위를 차지하고 있다. 열대지방의 중앙에 위치하고 연간기온 18℃로 강우량도 많다. 특히 안데스산맥 약 1,000미터에서 1,800미터의 지대는 양질의 커피가 생산되고 있다. 콜롬비아 커피는 마일드 커피의 대표적인 콩으로 적당한 산미가 있고 구수한 맛, 향기, 풍미의 균형이 좋은 메델린(콜롬비아 최고급품), 보고타(메델린과 함께 1급품), 마니잘레스(다음 등급의 콩), 부카라망가, 아르메니아를 생산한다.

콜롬비아는 수출을 위한 표준 커피를 '엑셀소'라 하고, 엄선된 최고급품은 '슈프레모'라고 부른다. 최근에는 과학기술을 적용하여 친환경적인 과정에서 생산성과 품질을 높인 커피를 생산하고 있다.

아시아 지역 커피의 특징

예멘Republic of Yemen

수도 사나
언어 아랍어
면적 약 52만㎢, 한반도의 2.391배
인구 약 2,891만 명, 세계 50위
GDP 약 290억7,900만 달러, 세계 102위

아라비아반도의 남쪽 끝에 위치한 산악 지대에서 유기농으로 재배되어 화학적인 처리 없이 생산한다. 초콜릿이 재배되던 곳에서 재배되어 미디엄에서 풀바디로 초콜릿의 맛이 진하게 난다. 세계 최초로 커피가 경작된 아라비카Arabica 커피의 원산지로, 100% 건식 가공된 자연건조 방식Natural Coffee으로, 마실 물조차 부족했던 예멘은 전통적으로 이 건식 가공법을 사용하였다.

주요산지는 베니 마타르Beni Mattar, 하라즈Haraz, 사나Sana's 인근으로, 과육이 붙은 채로 생두를 건조시킨 다음 맷돌로 과피를 제거한다. 이 과정 때문에 생두들은 거칠고 불규칙적인 외관을 가지고 있으며, 건조한 토양과 대기로 인해 크기가 작고 매우 단단하다. 수확 시기는 3월에서 4월과, 10월에서 12월 사이이며, 모카 마타리, 모카 히라지, 예멘 모카, 사나니 등이 대표적이다.

인도네시아Republic of Indonesia

수도 자카르타
언어 인도네시아어
면적 약 190만㎢, 한반도의 8.624배
인구 약 26,679만 명, 세계 4위
GDP 약 1조1,009억 달러, 세계 16위

네덜란드에서 커피나무가 이식되면서 무기질이 풍부한 화산지형의 자바섬에서 재배가 시작되었다. 품종으로는 아라비카, 로부스타종이며, 주요산지는 수마트라, 자바, 술라웨시 등이다. 대표적인 커피로는 만델링, 자바, 가요 마운틴, 토라자, 코피 루왁 등이 있으며, 병충해에 강한 로부스타 커피를 주로 재배한다. 시기는 3월에서 6월 사이에 생산하며, 가공방법은 주로 건식법Dry Method이지만, 드물게 습식 가공Wet Method하여 상급 품질의 코피 루왁을 만드는데, 세계에서 가장 비싸다.

아시아 최대의 생산국으로, 단단하고 쓴맛을 가진 에스프레소용으로 적합하여 유럽에서 인기가 높다. 코피 루왁Kopi Luwak은 루악이라는 사향고양이가 커피 생두를 먹은 후 배설한 것을 가공하여 만든 커피로서, 소화 과정에서 발효되는 특성으로 인해 독특한 풍미를 갖고 있어 희귀성을 인정받고 있다.

베트남Vietnam

수도 하노이
언어 베트남어
면적 약 33만㎢, 한반도의 1.5배
인구 약 9,649만 명, 세계 15위
GDP 약 2,603억100만 달러, 세계 45위

베트남은 커피재배에 적합한 최대의 생산지이다. 이러한 커피재배 환경을 바탕으로 세계 2위의 커피생산국으로 자리매김 하고 있으며, 수확 시기는 아라비카는 12월에서 1월, 로부스타는 1월에서 4월 사이에 수확한다. 대표 품종으로는 로부스타이다.

베트남 커피의 특징은 커피를 '카페Cafe'라 부른다. 뜨거운 커피는 '뜨겁다'는 뜻의 '농Nong'을 붙여 '카페농'이라 부르고, 아이스커피는 '얼음'을 일컫는 '다da'를 붙여 '카페다'라고 한다. 베트남에서는 커피에 설탕 대신 연유를 넣어 훨씬 진하고 달콤한 맛을 느낄 수 있다. 베트남은 식민지 때에 유럽 사람들이 우연히 다람쥐의 배설물 원두를 채취하여 커피를 내려 마시게 되었는데, 이것이 다람쥐똥 커피의 유래다. 베트남은 독특한 커피 추출방법을 사용하고 있다. '핀'이라 불리는 드립퍼를 이용하여 각각의 잔에 한 잔씩 커피를 추출한다.

인도India

수도 뉴델리
언어 영어, 힌디어
면적 약 328만㎢, 한반도의 14.885배
인구 약 135,405만 명, 세계 2위
GDP 약 2조9,719억 달러, 세계 5위

인도 커피는 산성이 약한 토양을 선호하며 균형감 있고 단맛을 강조한다. 주요 생산지는 남부 인도의 마이소르, 케랄라주, 말라바르, 마드라스 등이며, 생두 가공법은 습식법Wet Method, 건식법(자연법)Dry Method을 사용한다. 생두는 대체로 큰 편이고, 껍질이 매끄러운 녹색을 띤다. 특히 세계 최초의 스페셜티 커피로 유명한 것은 몬순 말라바르이다.

인도 커피의 특징으로는, 생두는 변색이 되어 노르스름한 색을 띤다. 흙냄새와 곰팡이 핀 나무뿌리향이 나고, 캐러멜의 단맛과 구수한 맛이 느껴지는 등 상당히 개성이 있어 유럽 사람들이 많이 찾는다. 또 노란빛을 띠며 톡 쏘는 맛, 풀 맛이 밴 풍부한 맛, 진한 쓴맛으로 에스프레소용으로 적합하다.

필리핀Philippines

수도 마닐라
언어 필리핀어, 영어
면적 약 30만㎢, 한반도의 1.358배
인구 약 10,651만 명, 세계 13위
GDP 약 3,566억8,200만 달러, 세계 37위

커피 재배의 역사는 스페인 식민지 시절이던 1740년경에 시작된다. 재배 지역은 바탕가스주와 타가이타이, 까비테 지역, 요즘은 해발 1,200미터에서 1,800미터 사이의 북부 지역 고산지대와 민다나오 고산지대에서 많이 재배된다.

커피의 종류는 바라코(리베리카), 엑셀사, 아라비카, 로부스타 등이 있는데, 리베리카는 수확 시기가 로부스타에 비해 3개월 늦은 것이 특징으로 생산성이 1/3밖에 되지 않으며, 보멜로라는 과일의 숙성이 없는 느낌의 쓴 신맛이 난다. 엑셀사는 로부스타의 변종으로 리베리카와 교잡으로 적은 쓴맛에 마일드한 맛의 산미를 가지고 있다. 로부스타는 전형적인 로부스타로, 대부분 지역이 올가닉 형태이다. 알이 작고 쓴맛보다는 구수한 맛의 느낌이 좋다. 아라비카는 세계적으로 가장 선호되는 커피종이다. 마닐라 근교 바탕가스와 마운틴 프로빈슨주의 사가다 커피가 유명하다.

중국China

수도 베이징
언어 중국어
면적 약 959만㎢, 한반도의 43.455배
인구 약 141,504만 명, 세계 1위
GDP 약 14조2,165억 달러, 세계 2위

프랑스 선교사가 중국 운남성 빈천현 주쿠라는 마을에 커피묘목을 들여오면서 중국 커피는 시작되었다. 중국에서의 커피는 현재 '와인'과 마찬가지로 서양문화를 대표하는 아이콘이자 자신의 사회적 지위 및 생활의 질을 나타내는 아이템으로 여겨진다. '티피카'는 아라비카 원종에 가장 가까운 품종으로, 콩의 모양은 길쭉하고 얇은 형태를 띠고 있다. 나뭇잎은 상대적으로 작고 길쭉하며 새잎은 브론즈색을 띤다. 뛰어난 향과 신맛을 가지고 있으나 질병과 해충에 취약하며 생산성이 낮다. 반면 '카티모르'는 교배종으로 커피 녹병에 강하고 조기수확이 가능하며 발군의 성장성과 다수확을 할 수가 있다.

최근 경제적으로 여유로워진 중국 소비자들이 스타벅스 등 이른바 '원두커피' 문화를 소비하기 시작했으며, 그 소비 규모는 매년 15~20%씩 꾸준한 성장세를 보이고 있다.

동티모르East Timor

수도 딜리
언어 포르투갈어, 테툼어
면적 약 1만4천㎢, 한반도의 0.067배
인구 약 132만 명, 세계 155위
GDP 약 31억4,500만 달러, 세계 163위

동티모르 커피는 해발 700미터 이상의 고지대에서 재배되는 청정산물이다. 아라비카Arabica종과 로버스트Robust종 두 가지가 있으며, 진하고 쓴맛을 내고, 원두커피보다는 인스턴트커피의 가공 용도로 많이 사용된다. 원종과 가까운 아라비카커피의 맛을 유지하고 있는 점이 가장 큰 특징이다.

동티모르 커피 산지는 제일 큰 곳이 에르메라 지역으로 전체의 46%를 차지하고, 기타 마우 베시, 사메 지역과 남부 산악지대에서 생산된다. 커피의 생산량은 10,000톤에서 12,000톤이며, 이 중 80%가 아라비카이고, 20%가 로부스타이다. 동티모르 최고의 커피는 1,200미터 이상의 높이에서 재배되며, 고지대에서 재배된 커피는 고유의 향미를 가진 고품질로 인정받는다. 부드러운 맛과 고소한 견과류 향미가 풍부한 것이 특징이다. 자메이카의 블루마운틴 커피를 연상시키며 고급커피에서 맛볼 수 있는 깔끔하면서도 부드러운 여운을 가지고 있다.

파푸아뉴기니Papua New Guinea

수도 포트모르즈비
언어 영어, 피지어
면적 약 46만㎢, 한반도의 2.096배
인구 약 841만 명, 세계 101위
GDP 약 214억5,300만 달러, 세계 113위

파푸아뉴기니 커피는 유기농 커피로 유명하며, 대표적 커피인 파푸아뉴기니 시그리는 부드러운 신맛, 꽃과 과일향 등이 풍부한 향미를 가지고 있다. 커피가 재배되는 곳은 하겐산을 중심으로 한 시그리Sigri, 아로나Arona 지역으로, 대표적 커피는 위 지역 명칭을 붙인 파푸아뉴기니 시그리와 파푸아뉴기니 아로나가 있다.

재배품종은 아라비카, 로부스타이며, 수확 시기는 4월에서 9월 사이이다. 가공방법은 습식법Wet Method과 건식법Dry Method을 사용한다. 달콤한 맛이 많고 과일향이 나며 쓴맛은 부드럽고 엷게 느껴지며 산미가 약하고 과일향 같은 풍부한 향미가 좋다. 리치한 맛과 향이 일품이다.

Coffee

한눈에 바라보는 커피의 역사

- 8세기 : 에티오피아 짐마에서 자생
- 11세기 : 홍해를 건너 아라비아반도의 알무카와 아덴항 입성
- 15세기 : 아라비아 메카(Mecca)를 통해 인도, 이집트, 시리아로 전파
- 16세기 : 이스탄불로 전파
- 17세기 : 터키에서 동 · 서 유럽으로 전파, 현재의 이탈리아 베니스, 오스트리아 빈
- 18세기 : 신대륙 발견에 따른 커피 전파. 가브리엘 매튜드에 의해 1723년 마티니크항 입성
- 19세기 : 유럽의 열강들이 아메리카 및 아프리카 식민지에 흑인노예를 동원하여 대규모 커피 재배

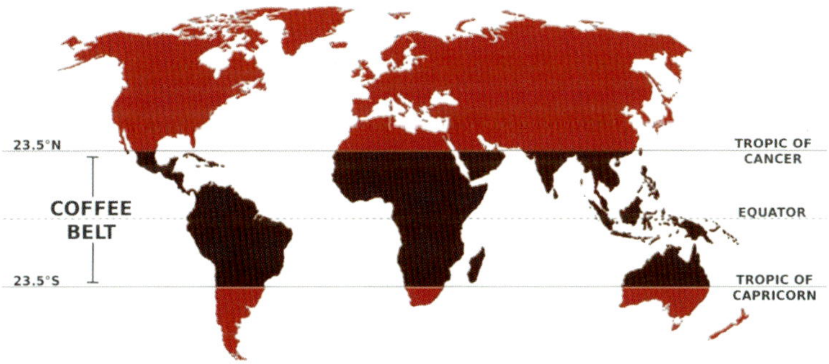

커피벨트

※ 남위 25도~북위 25도의 열대 · 아열대 지역

: 대화의 선율 :

CHAPTER 04

로스팅 & 블랜딩 & 커핑

로스팅

로스팅Roasting이란, 말 그대로 '볶는 것'이라는 뜻으로, 커피나무 열매에서 추출하여 가공한 생두에 열을 가하여 여러 물리/화학적 변화를 일으킴으로써 본연의 맛과 향을 지닌 원두로 만드는 과정을 바로 로스팅이라 할 수 있다. 로스팅은 컵서비스 이전의 마지막 단계이자 커피의 고유한 향미를 생성시키는 핵심 공정이다.

로스팅은 이슬람에서 커피콩으로 그냥 음료를 만들어 마시게 되면 쓴맛이 난다는 것을 알고 끓이기 전 볶았다는 유래가 있으며, 또 예멘이나 에티오피아에서 한 농부가 저녁을 준비하는 과정에 커피나무를 태우다 우연히 알게 되었다는 설도 있다.

원두 볶기

① 원두는 데워진 순환통에 들어간다(뜨거운 공기를 이용한 일정한 팝콘 기계나 큰 의류 건조기의 합체).

② 5~7분이 지나면 많은 양의 수분이 날아가고, 녹색 원두가 생기 있는 노란색으로 바뀌고 버터향의 야채 냄새가 난다(볶아진 커피와는 다르다).

③ 커피는 계속해서 색이 짙어지고 수분은 없어지며 다음 8분간 첫 번째 터짐이

일어난다(원두는 커피가 팽창하면서 크기는 원두의 두 배가 된다).

④ 원두는 이제 볶는 사람들의 눈에 완성된 밝은 갈색이 된다.

⑤ 원두는 계속해서 색이 짙어지고 수분이 더 많이 없어지며, 몇 분이 더 지난 후 원두 표면에 기름기가 보이게 된다.

⑥ 11분에서 15분 사이에 커피와 다른 변수에 따라 다시 터진다(두 번째 터짐 현상이 일어나고 원두는 거의 준비가 끝나게 된다).

⑦ 빠른 시간에 배출과 냉각이 진행되지 않으면 원두 자체에 온도에 의해 더 진행될 수 있다.

2,000가지가 넘는 물질로 구성된 생두는 일반적으로 220~230℃의 온도에서 30분 정도 볶는 로스팅 과정을 통해서 700~850가지의 향미를 낼 수 있는 성분을 가진 원두(Coffee Bean)가 된다.

로스팅 방법에는 전통적인 가정식 방법인 팬 로스팅(Pan Roasting)과, 가장 널리 사용되는 드럼 로스팅(Drum Roasting), 주로 인스턴트커피 제조용으로 쓰이는 열풍 로스팅(Hot Air Roasting)이 있다.

시간에 따른 로스팅

분 류	저온 – 장시간 로스팅	고온 – 단시간 로스팅
로스터의 종류	드럼형	유동층형
커피콩의 온도	200~240℃	230~250℃
시간	8~20분	1.5~3분
밀도	팽창이 적어 밀도가 크다.	팽창이 커서 밀도가 작다.
향미	신맛이 약하고 뒷맛이 텁텁하지만, 중후하고 향기가 풍부하다.	신맛이 강하고 뒷맛이 깨끗하지만, 중후함과 향기가 적다.
가용성 성분	적게 추출	상대적으로 10~20% 더 추출
경제성	유동층 로스팅이 한 잔당 커피 사용량을 10~20% 덜 쓰게 되어 경제적이다.	

로스팅 단계 분류

① 그린 빈Green Beans : 생두 초기의 단계이다. 생두의 색깔은 연녹색에서부터 짙은 초록색까지 산지별로 다양하다.

② 라이트 로스팅Light Roasting; 최약배전 : 감미로운 향기가 나지만, 이 단계의 원두를 가지고 커피를 추출하면 쓴맛, 단맛, 깊은 맛은 거의 느낄 수가 없다. 생두를 로스터에 투입하여 생두가 열을 흡수하면서 수분이 빠져나가도록 하는 초기 단계로, 이때 생두는 누런색으로 변화된다.

③ 시나몬 로스팅Cinnamon Roasting; 약배전 : 뛰어난 신맛을 갖는 원두이며, 그 신맛을 즐기고 싶다면 이 단계의 원두가 최적이다. 누런색이던 원두가 계피색을 띠게 된다. 커피생두의 외피Silver Skin가 왕성하게 제거되기 시작한다.

④ 미디엄 로스팅Midium Roasting; 약강배전 : 아메리칸 로스트라고도 한다. 신맛이 주역

인 아메리칸 커피는 이 단계의 원두가 최적이다. 식사 중에 마시는 커피로, 추출해서 마실 수 있는 기초 단계이며 원두는 담갈색을 띤다.

⑤ 하이 로스팅High Roasting; 중약배전 : 여기서부터 신맛이 엷어지고 단맛이 나기 시작한다. 가장 일반적인 단계로 갈색의 커피가 된다.

⑥ 시티 로스팅City Roasting; 중중배전 : 저먼German 로스트라고도 한다. 균형 잡힌 강한 느낌을 주고, 맛과 향이 대체로 표준이며 풍부한 갈색을 띠게 된다.

⑦ 풀 시티 로스팅Full City Roasting; 중강배전 : 신맛은 거의 없어지고 쓴맛과 진한 맛이 커피맛의 정점에 올라서는 단계이다. 아이스커피 용도로 사용할 수 있다. 크림을 가미하여 마시는 유럽 스타일로, 원두의 색깔은 짙은 갈색으로 변하며 에스프레소 커피용의 표준이다.

⑧ 프렌치 로스팅French Roasting; 강배전 : 쓴맛, 진한 맛에 중후한 맛이 강조된다. 기름이 표면에 끼기 시작하는 단계이다. 원두는 검은 갈색이 된다.

⑨ 이탈리안 로스팅Italian Roasting; 최강배전 : 쓴맛과 진한 맛의 최대치에 달한다. 원두에 따라서는 타는 냄새가 나는 경우도 있다. 예전에는 이 로스팅이 에스프레소용으로 많이 선호되었으나, 점차 줄어드는 경향을 보이고 있다.

로스팅의 물리적 변화 과정

- 색상 : 메일라드 반응Maillard Reaction 물질의 착색에 의해 갈색으로 변화한다.
- 부피 : 부피는 50% 정도가 증가한다.
- 무게 : 생두는 무게 20% 정도가 줄어든다.
- 약하게 로스팅할수록 신맛이 강해지고, 강하게 볶으면 쓴맛이 강조된다.

로스팅(가열방식)

직화식	– 드럼 표면을 직접 가열하여 로스팅하는 방식 – 숙련된 로스터들이 쓰고 있는 방식
열풍식	– 대량생산 로스팅을 할 때 적합한 방식 – 공급되는 열량 손실이 가장 적은 방식
반열풍식	– 열효율이 높아 직화식보다 균일한 로스팅이 가능 – 열풍식과 직화식을 혼합한 형태

로스팅 과정

- 건조단계Drying Phase
- 로스팅단계Roasting Phase
- 냉각단계Cooling Phase

블랜딩

전문가들은 에스프레소의 맛 80% 정도는 생두에서부터 좌우된다고 말한다. 그만큼 생두의 품질과 가공처리 과정이 중요하다는 이야기다. 먼저 좋은 생두를 고르기 위한 컵 테스트, 생두의 품질관리를 위한 운반과 보관이 중요하며 로스팅을 거쳐 배합하게 되는데, 이러한 전 과정을 거쳐 블랜딩Blending이 된다.

커피 블랜딩이란, 두 가지 이상의 원두를 배합하는 것으로 커피를 다룸에 있어서 느끼는 가장 큰 매력 가운데 하나이다. 블랜딩의 목적은 서로 다른 원두를 혼합하여 새로운 맛과 향기를 지닌 커피를 창조해 내는 데에 있다. 물론 커피의 맛과 향기는 커피콩의 품질과 로스팅에 따라 결정되기도 하지만, 단조커피에서 느낄 수 없는 풍부함과 맛은 블랜딩을 통해 만들어내고 장점을 부각시켜 단점을 보완하는 역할을 한다.

고급 아라비카커피는 스트레이트Straight로 즐기는 것이 보통이지만, 원두의 원산지, 로스팅 정도, 가공방법, 품종에 따라 혼합비율을 달리하면 새로운 맛과 향을 가진 커피를 만들 수 있다. 최초의 블랜딩 커피로는 인도네시아의 자바커피와 예멘, 에티오피아의 모카커피를 혼합한 '모카자바'로 알려져 있다.

블랜딩 핵심원칙

① 원두는 신선하고 좋은 것이어야 한다.
② 각 원두의 특성을 정확히 파악해야 한다.
③ 각각의 성격과 맛이 다른 원두를 배합한다.
④ 다중배합은 성공하기가 어려우므로 되도록 2~4, 5종을 넘지 않는 것이 좋다.
⑤ 너무 단조로운 배합 1 : 1 : 1의 배합은 개성 있는 맛을 상실하여 실패하기 쉬우니 피하는 것이 좋다.

선 블랜딩 vs 후 블랜딩

로스팅 전 블랜딩선 블랜딩, Blending Before Roasting

- 장점 : 원두를 배합해서 한 번에 로스팅하기 때문에 손이 덜 가고, 로스팅 과정에

서 아로마가 균일해지게 된다.

- 단점 : 원두 각각의 개성이 줄어들고 각각의 적정 추출 속도에 영향을 주게 된다. 로스팅하기 전에 각각의 원두비율로 배합한 후 섞어서 로스팅한다. 로스팅하기에 편하고 포장도 쉽다.

로스팅 후 블랜딩후 블랜딩, Blending After Roasting

- 장점 : 각각의 원두를 특성에 맞게 로스팅 한 후 블랜딩하기 때문에, 개성 있는 맛을 낼 수 있다.
- 단점 : 원두의 맛과 향을 균일하게 내기가 어렵다. 원두를 각각의 원두 로스팅 포인트로 개별 로스팅 후 비율별로 섞어 배합한 후 포장하는 방법이다.

방법에 따른 블랜딩

분 류	단종 블랜딩	혼합 블랜딩
방법	서로 각각 로스팅을 마치고 난 후에 섞는 방법 (로스팅 후 블랜딩)	생두상태에서 블랜딩하여 로스팅하는 방법 (로스팅 전 블랜딩)
로스팅 횟수	여러 번 해야 한다.	로스팅 머신 정량만큼 한 번에 할 수 있다.
재고	많이 남음	필요량만 쓰므로 적다.
맛	커피 각각의 맛을 느낄 수 있지만, 항상 균일하지 않다.	언제나 균일한 맛을 낼 수 있지만, 각각의 커피의 맛은 기대할 수 없다.
향	미묘하지만, 각각의 향을 느낄 수 있다.	향이 섞여 새로운 향을 탄생시킨다.
색	어렵지만, 색의 균형을 맞출 수 있다.	많이 볶는 단계가 아니라면 커피의 밀도와 수분 등의 특성에 따라 각자의 색을 띨 수 있다.

Coffee

대표적인 원두 블랜딩 Tip

블랜딩을 해서 조화롭고 색다른 맛과 향을 만들어내는 커피 전문가를 블랜더라고 말한다. 각각의 커피가 가진 약점을 보완하고 섬세한 맛을 살려서 좋은 품질의 커피와 항상 동일한 질의 커피를 제공하기 위해 블랜더들이 활동하고 있다. 생두에 대한 품질평가와 맛 테이스팅 블랜딩 이후의 맛과 향에 대한 종합적인 안목 등 수준 높은 기술과 풍부한 감각이 필요하다.

- 생두의 특징을 잘 파악하고 있어야 한다.
- 안정된 품질을 기본으로 한다.
- 개성이 강한 원두를 우선으로 베이스로 한다.
- 베이스 원두로는 브라질, 콜롬비아 원두 등으로 배합한다.
- 바디감과 단맛을 높일 때는 멕시코, 페루, 산토도밍고 원두 등으로 배합한다.
- 산도와 풍미를 높여줄 때는 코스타리카, 과테말라, 베네수엘라 원두 등으로 배합한다.
- 독특하고 개성적으로 향미를 높일 때는 예멘 모카, 에티오피아 하라, 케냐 원두 등으로 배합한다.
- 풍부한 맛과 바디감을 높이려면 수마트라, 동티모르, 에티오피아 예가체프 술라웨시, 자바 원두 등으로 배합한다.

커 핑

커핑이란?

커피의 본질적인 맛에 대한 테스트로 커피를 감별하거나 맛에 대한 등급을 매기는 것이다. 커핑Cupping 또는 컵 테스트Cup Test라고 한다. 색상, 맛, 향, 질감, 뒷맛 등의 자료를 토대로 커피에 대한 구체적이고 세밀한 평가를 내린다. 산지 커피의 특성을 판단하는 것 외에 로스팅Roasting, 블랜딩Blending, 추출과 밀접한 관계가 있는 테스팅Testing이다.

커핑의 목적

생두의 질을 평가하기 위해 수입하고자 하는 생두의 품질을 평가하기 위하여 생두의 특성을 살려 좋은 로스팅의 포인트를 잡기 위함이기도 하다. 블랜딩Blending을 하기 전 각각의 생두를 커핑Cupping하는 것이다. 또한 생두의 적절한 가격을 책정하기 위해 맛과 향의 특성을 세밀하게 분석한다.

커핑 준비물

- 원두 : 로스팅 후 가급적 빠른 시일 내에 커핑을 해야 하는데, 샘플로 사용될 커피는 밀봉해서 서늘한 곳에 보관하고 냉동이나 냉장이 아닌 실온에서 보관해야 한다.
- 물 : 정수된 물로 냄새가 없어야 하고, 온도는 90~96℃의 뜨거운 물이다.
- 커핑 컵 : 컵의 재질은 강화유리나 도기로, 적당한 용량은 150~180㎖이고, 컵의 지름은 3~3.5인치가 되어야 한다. 스푼을 씻고 입을 헹굴 컵도 필요하다.
- 커핑 스푼 : 굴곡이 깊은 은재질의 스푼으로 4~5㎖의 커피를 담을 수 있어야 한다.
- 기타 : 커핑 폼, 그라인더, 온도계, 주전자 등

※Cupping Lab : 커핑이 이루어지는 장소(온도, 20~25℃/습도, 85% 미만)

커핑 방법 및 과정

STEP 1_ 원두 고르기 : 산지 커피를 선택한 후 로스팅한 원두는 신선하면 신선할수록 좋다. 샘플은 밀봉하여 상온에서 보관한다.

※커핑용 원두의 조건 : 로스팅한 지 8~24시간 이내의 원두로, 로스팅 소요시간은 8~12분, 로스팅 정도는 미디엄 로스트

STEP 2_ 커핑 폼 준비하기 : 로스팅 날짜와 커핑 날짜 등을 기재하고 아로마 스위트니스, 어시더티, 바디, 피니시 등 평가항목에 대한 점수를 매기게 된다.

STEP 3_ 글라인딩 : 커핑컵에 원두 8.25g을 담은 후 그라인더로 분쇄한다.

STEP 4_ 냄새 맡기 : 물을 붓기 전 향을 맡는데 이것을 'Dry Aroma'라고 한다. 커핑컵에 코를 넣고 깊게 냄새를 맡는데 초콜릿, 시트러스, 스모키 등의 향을 맡았다면 바로 메모하는데, 어떤 향이든 단어를 제한하지 말고 모두 메모해 둔다.

STEP 5_ 물 붓기 : 물을 끓인 후 20초 정도 놔두었다가 커핑컵에 붓는다.

STEP 6_ 4분간 기다리기 : 물을 붓고 난 후 4분간 기다린다. 시간이 다 흐르면 위에 크러스트층이 생기는데, 마치 오트밀에 생기는 형태와 같다.

※크러스트 : 물과 커피가 만나 조직이 부풀어 오르면서 커피 사이의 가용성분이 나오게 된다.

STEP 7_ 냄새 맡기 : 물을 붓고 젖은 상태에서 향을 맡는 것을 'Wet Aroma'라고 하는데, 커핑 스푼으로 크러스트를 사이드로 밀고 깊게 향을 맡는다.

STEP 8_ 크러스트 걷어내기 : 두 개의 스푼을 사용하여 최대한 표면이 맑게 크러스트와 거품을 걷어낸다.

STEP 9_ 흡입 : 스푼으로 커피를 떠서 코로 향을 맡고, 동시에 입 안으로 마신다. 동시에 두 가지 동작을 하기 때문에 소리가 요란스럽다.

커핑 테스트 프로세스

CUPPING 1_ 프래그런스Fragrance

CUPPING 2_ 아로마Aroma

CUPPING 3_ 산미Acidity

CUPPING 4_ 향미/맛Flavor

CUPPING 5_ 바디감Body

CUPPING 6_ 후미Aftertaste

CUPPING 7_ 단맛Sweetness

CUPPING 8_ 밸런스Balance

CUPPING 9_ 통일성Uniformity

커핑 용어

- Grinding : 계량한 원두를 매쉬에 맞게 분쇄하는 용어
- Breaking : 물을 붓고 4분이 지나고 세 번에 걸쳐 거품을 깨는 것
- Skimming : 부순Breaking 후 남아있는 커피를 걷어내는 과정
- Slurping : 커핑 스푼에 커피를 담아 강하게 들이마신 후 분사하고 흡입하는 과정

커핑시트 작성

SCAA 기준 커핑시트 작성

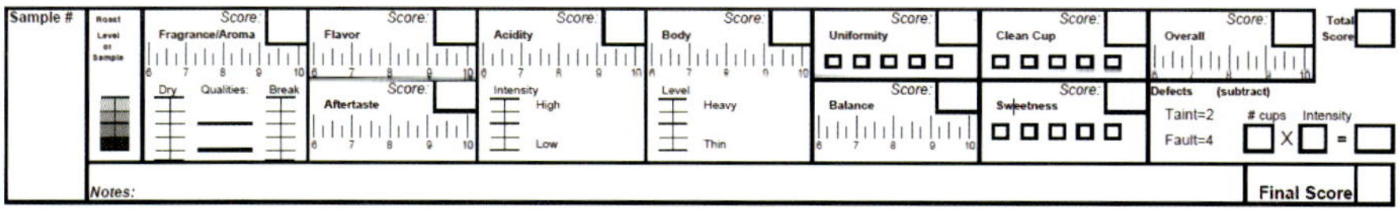

COE 기준 커핑폼 작성

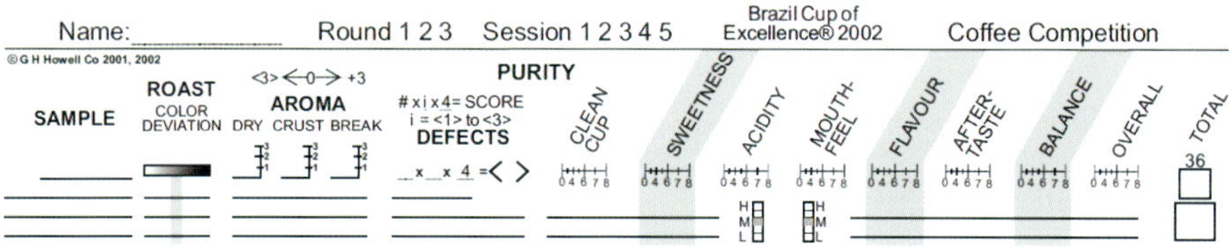

큐-그레이더Q-Grader

커피의 원료인 생두와 원두의 특성 등을 감별하여 커피 등급을 결정하는 직업을 말한다. 쉽게 감별사라고 하는데, 여러 가지 조건들로 커피를 감별하여 커피등급Grade을 결정하는 역할을 한다. 1984년 콜롬비아 코케인 지역에서 미국인 테드링글Ted Lingle이 커피교육을 시킨 것이 최초이다.

SCAA의 커피향미 평가용어

1	Acid	산, 산뜻함
2	Acidity	산의 정도(강함), 산미(산뜻함의 정도)
3	Aftertaste	뒷맛의 인상도(다 마시고 난 후의 감각)
4	Aroma	아로마 추출 액체의 향
5	Balance	여러 풍미의 복합적인 좋은 느낌
6	Body	감칠맛, 입 안에 머금었을 때의 중량감, 질감
7	Bouquet	부케 후각에 의한 종합적인 아로마의 프로필(뒷맛의 인상도 포함)
8	Buttery	버터와 같은 매끈하고 중후한 버터의 감촉
9	Caramelized	캐러멜화
10	Caramelly	캐러멜과 같은
11	Cedar	히말라야 삼목과 같은 향, 히말라야 삼목의 향, 스파이시 표현 중 하나
12	Chocolaty	초콜릿과 같은 향, 뒷맛의 인상도에서 느끼는 향
13	Clean	잡맛이 없는 깔끔한 맛
14	Clove	크로브와 같은 향, 특유의 매운맛
15	Coffee blossom	커피꽃의 향, 자스민 같은 향
16	Coriander seed	고수풀 열매의 향, 신선한 커피나 분쇄 직후에 느끼는 꽃의 향기를 떠오르게 하는 향
17	Creamy	신선한 크림 같은
18	Delicate	델리케이트 한 미묘하고 섬세한 달콤한 향
19	Fragrance	프레그랑스 배전, 분쇄한 고체의 향
20	Fruity	과일 같은 달콤한 감각, 베리류를 생각나게 하는 드라이한 감각
21	Hazelnut	헤이즐넛 같은 향, 배전과도로 인해 나오는 캐러멜화 한 당분에 너츠가 어울리는
22	Honey	벌꿀 같은 향, 꽃의 향이 나는 시럽의 맛
23	Lemon	레몬의 껍질을 벗긴 듯한 향
24	Mellow	단맛에 관계된 표현, 타지산 아라비카가 단맛을 가진 경우 표현
25	Nutty	로스트 너츠를 생각나게 하는 향
26	Pepper	후추 같은 향, 로스트 공정에서의 섬유질의 건조에서 나는 향, 스파이시의 하나
27	Piquant	단맛이 강한 산미의 표현, 액체가 식은 단계에서 단맛이 산으로 변해가는 때의 표현
28	Point	피컨트(piquant)와 거의 같음
29	Rich	부케(bouquet)의 양적 표현
30	Smooth	유분이 낮을 때의 입에 머금은 중량감의 표현
31	Soft	미세한 드라이 외에는 어떤 맛도 돌출되지 않은 미각 특징
32	Sound	사운드 수확에서 건조공정에 이르는 부적절한 처리로 발생하는 풍미의 결함, 오염도 전혀 없는 미각 표현
33	Spicy	스파이스 같은 뒷맛에 특징적으로 나오는 향의 감각, 나무의 재질 혹은 식물의 종자를 가진 향의 표현
34	Sweet	당질과 어떤 산미의 단맛의 표현, 주로 g의 앞부분에서 미뢰로 느낀다.
35	Tea rose	꽃같은 향의 하나
36	Thick	입에 머금었을 때의 중감의 표현
37	Toast	토스트빵과 같은 향
38	Vanilla	바닐라향을 연상시킴
39	Winey	와인과 같은 고산지 커피, 에티오피아의 커피에서 보여짐, 단맛에 의한 산의 돌출이 감싸져 고급와인을 연상시키는 풍미감각의 표현

SCAA의 커피의 향미평가 용어 중 부정적 미각 표현

40	Acid	불쾌한 산미. 쏘는 듯한 자극적이고 불쾌한 산미
41	Astringent	떫은 맛. 수렴성이 강해 매운맛이 더 액체를 입에 머금었을 때 혀를 자극함
42	Baked	기가 빠진 듯한 풍미. 너무 낮은 온도에서 길게 배전하여 향기 성분이 충분히 변화해 발전하지 않고, 기가 빠진 듯한 평범한 풍미
43	Bitter	쓴맛. 카페인, 키니네, 알칼로이드의 쓴맛의 감각
44	Bland	기가 빠진 듯한 부드러움. 단맛이 매운맛을 이겨 부드러운 맛이 됨. 저지산 아라비카에서 나타남
45	Brakish	짜다. 매운맛이 있는 감각
46	Briny	짜다. 매운맛이 두드러지는 맛의 결점
47	Burnt	탄냄새. 연기나 타르의 냄새인 탄 듯한 감각
48	Caustic	찌르는 듯한 쓴맛에 자극적인 산이 더해진 감각
49	Chemical	약품취
50	Coarse	거칠고 자극적인
51	Coffee pulp	커피 펄프의 냄새. 수세 처리장에서의 펄프질의 부패취
52	Creosoty	크레오소트 같은 심하게 탄
53	Cucumber	오이를 연상시키는 향기의 감각
54	Dirty	흙. 먼지 같은 더러운 감각
55	Dull	특징이 없다.
56	Earthy	흙냄새. 뒷맛의 감각에서 흙먼지의 오염된 느낌
57	Fermented	발효취. 상당히 불쾌한 자극적 미적 감각
58	Flat	평탄함. 커피 부케의 양적 표현
59	Garden peas	풋내. 일본에서는 결점
60	Grassy	풋내. 일본에서는 가장 꺼려지는 냄새
61	Hard	자극적인 산미. 자극적인 산이 강하고, 단맛과 매운맛은 약함
62	Harsh	자극적이고 떫은맛. 쓴맛과 자극적인 산이 어우러진 맛
63	Herby	풋내 야채. 풀 같은 풋내. 잔디향. 일본에서는 중대한 결점
64	Hidy	가죽 냄새. 유지의 냄새와 어우러진 가죽 냄새
65	Insipid	기가 빠진 듯한 풍미의 특성
66	Jight	가볍다. 입에 머금었을 때의 중감의 표현
67	Malty	몰트와 같은 곡물을 태운 듯한 냄새
68	Medicinal	약품취. 하시(harsh)와 관련된 미적 감각 표현
69	Moldy/musty	곰팡이 냄새
70	Nippy	매콤함. 매운맛을 느끼는 산의 감각(미국에서는 나쁜 평가는 아님). 식은 액체에서 단맛으로 바뀌는 산
71	Potato	구운 감자의 껍질향. 허비(herby)와 거의 같은 감각
72	Pulpy	펄프의 부패취 같은
73	Pungent	예리한 혹은 불쾌한 감각. 쓴맛과 관련해 나오는 미각감각
74	Quakery	익지 않은 커피열매 같은 상당히 옅은색의 원두에서 나오는 피너츠를 연상시키는 풍미
75	Rancid	불쾌한 냄새. 로스트 후 수분을 흡수하여 산화된 불쾌한 냄새
76	Rioy	가벼운 요오드냄새. 불쾌한 약품취

77	Rough	거칠고 강한 오염, 샤프(sharp)와 관련된 미각 표현, 단맛이 없음
78	Rubbery	고무냄새, 같은 탄 고무냄새
79	Salt	짜다, 혀의 안쪽에서 강하게 느끼는 감각
80	Scorched	페놀취 혹은 탄 연기같은 냄새를 뒷맛에서 느끼는 감각표현
81	Sharp	미각이 강함, 매운 맛이 강하게 느껴지는 감각
82	Smoky	연기냄새, 나무나 송진을 태우는 냄새
83	Sour	자극적인 산미, 불쾌한 자극적인 산의 감각
84	Soury	가벼운 자극적 산미, 매운 맛에 산이 더해져 약해짐
85	Stale	오래되어 질이 떨어진 풍미 습도와 산화하여, 풍미가 떨어짐
86	Strawy	짚풀 같은, 풀 같은 풍미감각 표현
87	Sweaty	땀을 흘린 것, 같은 커피생두의 보관 상태에서 기인
88	Tainted	질의 저하, 오염, 부패풍미 결점의 표현
89	Tart	시고 자극적인 와인과 관련된 미각 표현으로 자극적인 산의 감각 표현
90	Thin	얕은, 입에 머금었을 때의 중감의 표현
91	Tipped	곡물 같은 맛, 원두의 앞부분이 타는 것에 의해 생김
92	Terpeny	테르펜 수지 같은 뒷맛의 감각 표현, 송지 혹은 약품취를 연상시키는 냄새 표현
93	Unclean	깨끗하지 않은, 오염된 깨끗하지 않은, 오염된
94	Vapid	기가 빠진 추출 후 장시간의 홀딩에 의해 풍미를 잃은 감각표현
95	Watery	물 같은 입에 머금었을 때의 중감의 표현
96	Weak	추출공정에서 가용성 성분의 추출량이 적음
97	Wild	거칠다, 미각면의 결점, 컵마다 차이가 크다, 불쾌한 산이 있는 경우
98	Woody	재목 같은 맛, 커피원두의 보관 상태가 나빠 생긴다, 불쾌한 나무 같은 미각
99	Clean cup	커피의 액체가 입에 닿고 목을 지날 때 입 안쪽의 깨끗함과 상쾌함
100	Crisp	상쾌함
101	Transparent	투명감이 있는
102	Ripeness	숙도가 높은
103	Nerve acidity	섬세한 산미
104	Livery	살아있는
105	Nervy	섬세한
106	Point	산뜻함
107	Firm	견실한
108	Sensitive	섬세하고 예민한
109	Backbone	정확한 중심이 있는
110	Flavor	아로마와 맛 = 풍미, 향미
111	Maplesyrup	메이플 시럽 같은
112	Lasting sweety	단맛이 남아 지속됨
113	Disappearing	사라짐, 시간이 경과함에 따른 동태의 표현
114	Rasping	상당히 강하고 거침, 거침(rough)보다 강하다(마이너스 표현)
115	Harmony	조화를 이룸, 균형의 표현

커피와 건강

커피의 장 · 단점

장점

- 숙취 해소에 좋다.
- 기분 전환에 효과적이다.
- 위암, 간암, 직장암에도 효과가 있다.
- 호흡기 질환에 효과적이다.
- 집중력 등 민첩성 증가에 효과가 있다.
- 다이어트에 효과적이다(에스프레소<사이폰<핸드).
- 뇌의 움직임이 활발해져 기억력 집중력과 정확도를 상승시킨다.
- 원기를 북돋아준다.
- 충치를 예방한다.
- 에너지의 활력을 준다.

단점

- 커피의 카페인이 위점막을 자극한다.
- 초조, 불안, 두통 등의 증상을 초래할 수도 있다.
- 커피의 이뇨작용이 생길수도 있다.
- 피로를 가중시킬 수 있다.
- 숙면을 방해하기도 한다.
- 임신 중 과다복용은 좋지 않다.

시간대별 커피의 작용

- 아침의 커피 : 신장을 자극하여 소화를 도와준다.
- 점심식사 후 커피 : 위를 자극하여 소화를 도와준다.
- 오후의 커피 : 근육에 작용하여 피로감을 덜어준다.

인스턴트와 디카페인 커피

인스턴트커피

- 볶아서 분쇄한 커피로부터 커피액을 추출하고 이것을 건조, 분말화
- 로부스타 생두를 사용
- 프림과 설탕을 첨가 → 쓴맛 감춤
- 즉석성, 편리성, 장시간 보존이 가능
- 과다섭취 시 성인병 발병

인스턴트커피의 제조과정

분무건조 방식

- 농축된 커피 원액을 고온에서 분무시켜 건조하는 방식(예 : 맥스웰하우스)
- 찬물에도 잘 녹음
- 맛과 향이 떨어짐

동결건조 방식

- 내려진 커피를 얼려서 건조시키는 방식(예 : 맥심커피)
- 입자가 크고 맛과 향이 좋음
- 제조비용이 비쌈

디카페인 커피

- 카페인을 최소한으로 줄인 커피
- 1903년 독일의 브레멘Bremen에 있는 Kaffe HAG사의 로셀리우스Lugwig Roselius와 윔머Kari Wimmer에 의해 처음 발명
- 커피시장의 점유율 점차 하락
- 가격 상승(카페인 제거를 위한 노동력, 장비)
- 인도네시아 수마트라, 아프리카 케냐 품종이 적합

디카페인 커피의 제조과정

스위스 워터 프로세스

- 카페인의 수용성을 이용한 방법
- 카페인만 추출할 수 없어 모든 성분을 녹임
- 맛과 향 성분을 다시 원두에 흡착
  - 화학용제가 사용되지 않는 유일한 방법
  - 카페인 제거 후 콩의 무게 2~3% 상실. 다른 방법보다 적은 양이 상실됨 = 맛이 더 적게 상실

초임계 이산화탄소 추출법

- 표준기압의 200배 압축된 액체 이산화탄소 사용

- 카페인만을 추출하여 향미손실 최소화
- 유해성분의 잔류문제 없음
- 고가의 설비 비용 발생

유기용매 추출법

- 유기화학용액을 사용하는 방법(메틸렌 염화물과 에틸초산염을 사용)
- 용매잔류에 대한 안전성 문제
- 용매 제거의 문제
- 커피의 수용성 성분을 그대로 유지

Coffee

카페인 함량 비교(음료별)

구 분	카페인 함량(mg)
원두커피(200㎖)	80
자판기커피(40㎖)	128
진통제 한 알	50
녹차(240㎖)	15
콜라(355㎖)	60

※카페인 함량은 커피를 내리는 방법과 물의 온도 등에 따라 달라질 수 있다.

CHAPTER 05

추 출

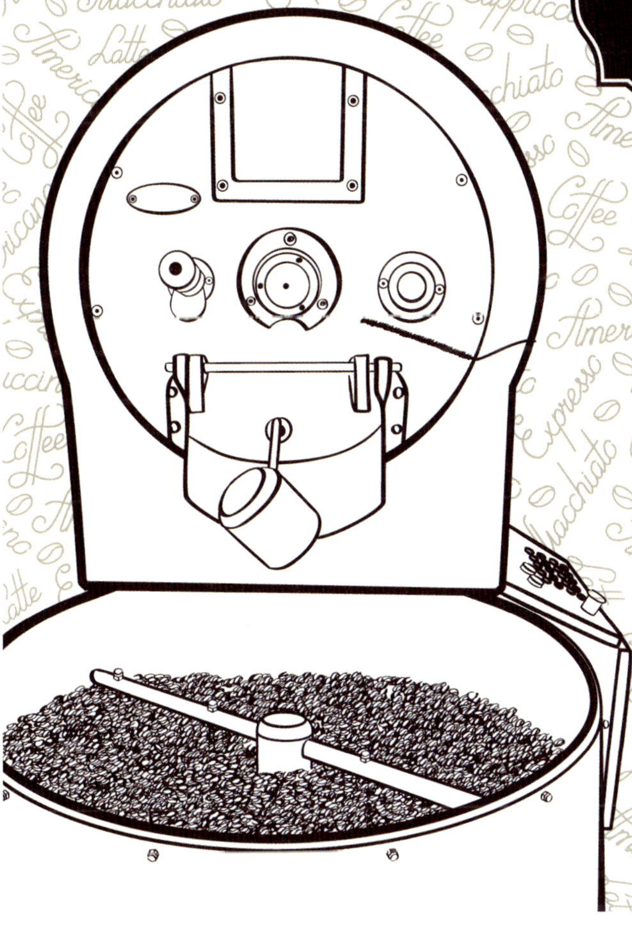

추출이란?

추출의 정의

로스팅한 원두를 분쇄한 후 액체 용매를 사용하여 고체 또는 액체 속에서 어떤 특정한 물질을 분리하는 과정으로, 커피가루가 가지고 있는 모든 성분을 남김없이 나오게 하는 것이 아닌 양질의 성분만을 추출해 내는 것을 말한다.

추출의 종류

침지법(달임법, 우려내기)

끓는물에 분쇄한 커피를 넣고 끓이거나, 분쇄된 커피가루에 뜨거운 물을 붓는 방식으로 가장 원시적이면서도 기본적이라 쉽게 추출할 수 있는 방법이다.

(예) 터키식 커피, 사이폰, 보일링, 퍼콜레이터, 커피비긴, 프렌치 프레스

여과법

필터를 이용하는 방식으로 분쇄된 커피가루를 필터에 넣고 경우에 따라 찬물 혹은 뜨거운 물을 이용하여 추출하는 방법이다.

(예) 융 드립, 페이퍼 드립, 더치커피(워터 드립)

가압추출법

물이 끓어 이로 인해 생성된 압력으로 분쇄된 커피가루를 통과하여 커피액이 추출되는 방법이다.

(예) 모카 포트, 에스프레소

좋은 커피를 만들기 위한 조건

양질의 원두

모든 시작은 재료에서부터란 말이 있듯이, 양질의 원두를 얻기 위해서는 좋은 생두를 선택한 후 생두의 특징에 맞게 로스팅하는 일이라 할 수 있다. 이러한 원두를 선택하는 과정에서, 첫 번째 원산지별 특징적인 맛을 찾을 단종 원두를 추출하는데 있어서 양질의 원두란 다음과 같다.

① 신선한 원두를 사용해야 한다. 신선하다는 말엔 그만큼 맛과 향이 살아있어 양질의 원두란 의미를 포함하고 있으며, 또한 이 신선함을 위해서는 최상의 보관 상태를 유지해야 한다. 여기서 신선한 원두란 갓 볶은 원두가 아니라, 볶은 후 15일 이내의 원두를 말한다.
원두는 숙성이란 단계를 거치는데, 여기서 원두 본연의 맛을 찾을 수 있다. 또한 볶음 정도에 따라 그 숙성기간이 달라지는데, 약한 볶음일 경우 7일이란 시간이 지남에 따라 약배전에서 오는 신맛뿐만 아니라 단맛이나 그 향을 더 느낄 수가 있다. 오일이 배어나오지 않아 산패 진행이 느려 20일 정도의 시간이 걸리는 원두라 해도 양질의 커피를 얻을 수 있다.
다른 예로, 강하게 볶은 원두는 숙성기간이 짧다. 3~4일 정도의 시간이 지남에 따라 원두의 깊은 맛을 느낄 수 있으며, 시간이 지남에 따라 강배전 포인트에서 오는 오일의 양이 증가하고 다공질 상태이므로 산패 진행이 빨라서 원두의 맛과 향을 제대로 느끼기가 어렵다. 그러므로 약배전의 원두보다는 빠른 시간 내에 소비해야 한다.

② 단종 원두 사용의 추출이 아닌 블랜딩이란 과정을 거친 원두를 사용하게 되는 경우, 양질의 원두는 배합이 잘된, 즉 블랜딩이 잘된 원두라 할 수 있다. 단종에서 오는 맛과 향의 결함을 보완하기 위해 다양한 원산지별 원두를 선택한 후 배합하게 되며, 조화로운 맛을 위해 어느 정도의 숙성기간이 동반된다. 7일 정도 후에 깊은 맛을 느낄 수 있으며, 그 유효기간은 배합의 비율이나 보관 상태에 따라 한 달일 경우도 있고, 그 이상이 될 수도 있다.

원두 파악

추출의 기본은 원두 파악에 있다고 볼 수 있다. 기본적으로 양질의 원두를 파악하여야 하며, 특히 단종 원두 추출일 경우 로스팅 포인트별 특징을 파악할 수 있어야 한다. 이러한 관찰 작업은 추출 작업에서 물의 온도 및 추출기구 선택에 있어서 중요한 요소가 될 수 있다.

분 쇄

원두가 가지고 있는 오일 성분, 고체 성분으로 가스 등을 위해 추출하기 위해선 원두를 분쇄하여 표면적을 넓게 함으로써 물이 원두가루를 쉽게 통과할 수 있게 하는 작업이 이 분쇄 작업이다.

분쇄 시 유의점

균일성

추출 시 분쇄 입자를 물이 통과하게 되어 원두의 성분이 추출하게 되는데, 이때 입자가 균일하지 못하면 원두 입자마다 물과 접촉하는 면적의 차이로 용해 속도가 달라지고 이로 인해 양질의 커피맛을 얻기가 어렵다. 분쇄 입자가 작은 경우에 물과 접촉시간이 길어 잡미가 나올 수가 있으며, 반대로 클 경우 물과 접촉시간이 짧아 빠른 추출로 인해 커피의 맛이 약해질 수 있다.

미분과 발열은 최소화

분쇄 시 발생되는 미분(원두 먼지)과 열은 커피의 맛과 향을 변질시킴을 최소화해야 한다.

추출 방식에 따른 알맞은 분도 선택

입자 크기에 따라 물의 통과 시간, 추출 성분의 맛의 변화를 가져올 수 있으므로 기구 특성에 맞게 알맞은 분도 선택이 중요하다.

분쇄 종류	굵은 분쇄 (Coarse)	중간 분쇄 (Medium)	가는 분쇄 (Fine)	매우 가는 분쇄 (Extra Fine)
추출 기구	퍼콜레이터 프렌치 프레스	페이퍼, 융드립 커피메이커	사이폰	모카 포트, 이브릭 에스프레소
입자 크기	1.0㎜ 이상	0.5~1.0㎜	0.5㎜	0.3㎜ 이하

추출 직전에 원두를 분쇄

분쇄된 커피는 원두상태보다 표면적이 많아지므로 산패가 매우 빠르게 진행된다.

물의 온도

배전 정도에 따른 알맞은 온도로 추출한다.

약배전	90~94℃
중배전	85~89℃
강배전	80~84℃

※추출 시 물의 온도가 낮을 경우 신맛과 떫은맛이 강해지고, 높을 경우 쓴맛과 날카로운 맛이 강해진다(추출 온도는 추출되는 성분의 종류와 질을 결정).

추출 기구의 선택

추출의 기본이 원두 파악에 있다면, 원두 파악 후 원하는 맛을 표현해 줄 수 있는 알맞은 추출 기구를 선택한다. 이러한 추출 기구의 선택에 따라 커피맛이 달라질 수 있기 때문에 추출 기구 선택이 중요하다.

※원두 파악과 동시에 추출 기구의 특징을 잘 이해하고 있어야 한다.

물의 종류

① 연수(0~75ppm), 약경수(75~150ppm), 경수(150~300ppm), 고경수(300ppm 이상)

- 칼슘과 마그네슘 등을 탄산칼슘으로 환산한 값(경도)이 낮으면 연수, 높으면 경수

- 연수 : 신맛, 마일드한 맛 / 경수 : 쓴맛
- 연수와 경수의 중간인 약경수를 사용하는데, 미네랄 성분이 많은 물은 쓴맛과 떫은맛이 강해지고 적당량의 무기물이 녹아있을 때 커피맛이 가장 좋음

② 이산화탄소가 남아있는 물이 좋으며(두 번 이상 끓인 물은 피함), 수돗물보다는 정수된 물을 사용한다(염소성분을 제거).

③ 신선하고 냄새가 없으며 불순물이 없어야 한다.

커피의 양과 물의 양 비율

추출하고자 하는 커피의 양에 맞는 적당량의 커피를 사용하며, 여기에 맞는 적당량의 물을 사용한다.

추출 시간

① 추출 수율 : 커피 성분의 가용성 성분 24~27% 중 추출 수율이 18~22%일 때 향기가 풍부하고 조화된 맛을 느낄 수가 있다.

② 정확한 추출 시간을 지켜야 한다. 추출 시 잘 녹는 성분(향기 성분, 달콤한 맛, 신맛 성분)은 일찍 추출되며, 잘 녹지 않는 성분(떫은 맛, 쓴맛 등)은 천천히 추출된다. 여기서 알 수 있듯이 추출 초기에 좋은 맛과 향기 성분이 추출되고, 시간이 오래되면 쓰고 떫은 커피맛이 추출된다.

③ 추출 시간은 추출되는 성분의 농도와 양을 결정한다.

Coffee

커피의 산패와 보관법

산패 과정

① 커피의 휘발성분(향기성분)이 탄산가스와 함께 증발하여 감소하는 중간단계
② 커피 내부의 여러 휘발성분들끼리 서로 반응하여 향미를 잃어가고 불쾌한 냄새가 발생하는 반응단계
③ 공기 중의 산소와 결합된 커피 내부의 성분이 변질되는 산패되어가는 산화단계

산패의 원인

산소, 수분, 온도, 배전도, 원두의 분쇄 시점, 분쇄 입도, 보관상태 등이 원인이 될 수 있다. 예를 들어, 커피원두 보관 시에 소량의 산소만 존재해도 산화되며, 습하거나 높은 온도에 있을 경우 또한 상대 습도나 보관 온도에 따라서도 산화 진행이 급격하게 빨라지며 강배전일수록 오일이 배어나와 있고, 더 다공질 상태이므로 약배전에 비해 산패속도가 빨리 진행된다(원두 표면의 오일은 습기를 차단하기보단 오일 자체가 산소와 접촉하면서 더 빨리 산패되어 간다). 또한 분쇄된 원두는 통원두보다 5배나 빨리 산패가 진행된다.

커피의 보관법

① 소포장 단위로 구입한다(빠른 시일 내에 소비할 수 있어야 한다).
② 개봉된 커피 봉투는 공기를 최대한 빼낸 다음 개봉 부위를 테이프로 잘 막는다. 이때 밸브 구멍이 있는 경우는 테이프로 밀봉해준다. 더 이상의 탄산가스가 배출이 안 되므로 오히려 산소가 유입될 수 있다.
③ 커피원두는 실온 25℃ 이하의 건냉한 곳에 보관해야 한다.

핸드드립

핸드드립

아날로그 방식의
추출법으로 드립포트와
드리퍼와 같은 기구를
이용하여 추출하는 방법을
말하며, 방식의 깨끗함을
추구하는데 흔히 페이퍼
필터를 이용한 드리퍼
(멜리타, 칼리타, 코노,
하리오) 추출과, 융을
이용한 추출방법을 말한다.
원산지별 커피의 느낌을
가장 잘 표현할 수 있고 또
찾을 수 있는 추출법이다.

준비도구 및 과정

준비도구

서 버

커피 추출액을 담는 용기로 추출하고자 하는 추출의 양에 맞는 용기가 적당하다. 일반적으로 투명 서버용기로 추출액의 양을 확인하기 쉽게 눈금이 표시되어 있으며, 굳이 전용서버가 아니더라도 계량컵이나 본인이 편한, 용도에 맞는 용기로 서버를 대신해도 무방하다.

드립 포트

핸드드립용 물주전자는 물 주입구의 위치가 일반 주전자에 비해 바닥쪽이 가늘고 물의 배출 부분이 가늘고 길다. 추출방법에 알맞은 드립포트의 선택이 중요하며, 용량은 0.7ℓ부터 3.0ℓ까지 다양하다. 또한 재질(법랑, 스테인리스, 구리)이나 형태 도 다양하다.

커피 분쇄기

커피 분쇄용으로 적당한 전동밀(전동 그라인더)이나 핸드밀을 사용한다. 전동밀의 경우에는 입자 조절판이 있어 입자 조절이 용이하며 균일성이나 빠른 분쇄가 가능하다. 핸드밀의 경우는 가정용이나 컬렉션용으로 가치가 있다. 가격, 재질, 종류별로 다양한 제품이 있는데, 여기서 굳이 비싼 제품을 선호하기보다는 자신에게 맞는 제품을 고르고 사용 후 청소 및 관리를 잘하는 것이 중요하다.

온도계

물의 온도를 정확히 확인할 수 있는 온도계를 준비한다. 특히 가정에서 직접 물을 끓일 경우나 초보자에게는 필수품이다.

계량스푼 & 저울

일정한 맛을 재현하기 위해 준비한다.

드리퍼 & 필터

페이퍼를 사용하는 드리퍼Melita, Kalita, Kono, Hario와 플란넬이란 소재를 사용한 융이 있다. 드리퍼의 사이즈는 추출하고자 하는 커피의 양에 따라 1인용에서 12인용까지 다양하다. 페이퍼 드립일 경우에는 드리퍼 사이즈에 맞게 내부 필터 또한 동일하게 정해지며 드리퍼의 재질도 플라스틱, 도기, 금속 등으로 다양하다.

준비과정

1_ 추출하고자 하는 원두의 파악과 함께 여기에 맞는 추출 기구를 선택한다.

2_ 페이퍼 드립일 경우 : 페이퍼를 접은 후 드리퍼에 밀착시킨다.
융 드립일 경우 : 보관된 융을 꺼낸 후 융을 고정 링에 끼워서 따듯하게 보온한다.

3_ 원두를 계량하여 분쇄한다.

4_ 분쇄된 원두를 드리퍼에 담은 후 표면이 평평하게 좌 · 우로 움직여 수평을 맞춘다.

5_ 끓여진 물(전기주전자, 급탕기, 에스프레소 머신의 물을 이용할 수 있음)을 드립 포트에 담고 추출 시 물의 온도를 정확히 확인한다.

6_ 추출 온도에서, 고온일 경우에는 드립포트에서 서버로 물을 부어주길 반복하여 온도를 낮춰준다.

7_ 추출 준비 마지막 과정에서 서버는 눈금 확인이 쉽게 놓고, 드리퍼의 손잡이 방향은 스윙하기에 편한 방향으로 왼쪽 혹은 오른쪽으로 한다.

※온도가 미리 정해진 물을 사용할 경우, 서버는 미리 예열해 둔다. 추출액이 담기는 용기인 서버는 커피가 추출되는 과정에서 온도가 떨어지므로, 커피가 식지 않도록 항상 보온되어져 있어야 한다. 또한 사용될 컵 또한 미리 예열한다.

뜸

커피원두가 가지고 있는 고유의 성분을 보다 원활히 하여 바디감과 단맛, 신맛, 쓴맛, 향 등을 끌어내기 위한 작업이다. 커피가루의 활성화를 가져오는 가장 중요한 단계로, 아무리 다음 단계에 신경을 써도 활성화를 대충 해버리면 좋은 커피맛을 기대할 수가 없다. 또한 추출이 보다 자유로워질 수 있도록 탄산가스와 공기를 빼내고, 물이 흐를 수 있는 물길(수로)을 확보하기 위한 추출의 중요한 첫 단계이다.

뜸의 과정 및 종류

뜸의 과정

분쇄된 원두 표면 위로 물을 붓게 되면 반작용(표면 장력+가루 팽창+탄산가스 압)에 의해 균일하게 확산되면서 표면 전체로 고르게 퍼지게 된다. 이때 물의 힘이 위의 반작용의 기준보다 웃돌게 되면, 한쪽으로 힘이 쏠려 물길이 만들어지고 표면이 꺼지게 된다.

뜸의 종류

- 8점법 : 드리퍼 중앙에 물 한 방울 떨어뜨리고 난 후 시계 방향으로 여덟 번에 거쳐 떨어뜨리는 방법(과도한 뜸들임을 완화, 점 사이의 일정한 간격을 유지하는 것이 중요)
- 점식 : 드리퍼 중앙에 한 방울씩 떨어뜨리는 방법(팽창에서 오는 과도한 뜸을 억제하고 속도유지와 정교한 타이밍이 필요함(융 추출 시 많이 사용)
- 나선형 : 드리퍼 중앙에서 시작하여 외곽쪽으로 나선형 스윙하는 방법으로, 빠른 시간 내에 골고루 뜸을 들이는 방법

※가루의 움직임과 팽창의 정도를 이해해야 과도한 뜸을 억제할 수 있다.

올바른 뜸의 추출상태

올바른 뜸이 들었을 경우

- 뜸을 주고 나서 서버에 커핏방울이 똑똑 떨어질 정도를 말한다.

잘못 뜸을 들였을 경우

- 과다한 물 주입으로 추출이 과다하게 되어 바디감이 떨어지며 개성 없는 커피가 된다.
- 적은 물 주입으로 활성화가 잘 안되어 원활한 추출이 이루어지지 않아 쓴맛, 신맛, 떫은맛 텁텁한 맛 등 불필요한 맛까지 추출될 수 있다.

추출방법

추출방법이란, 물 주입하는 방식을 말한다. 뜸에서도 여러 방식이 있듯이, 추출에

서도 원하는 커피맛이나 드리퍼의 형태, 특징에 따라 추출법이 달라질 수 있다.
(예) 나선형, 스프링형, 8점형, 점형, 동전형

방 법

나선형

드리퍼의 중앙에서 외곽으로 시계방향으로 나선형으로 스윙해 준다. 안 → 밖, 다시 밖 → 안으로 드리퍼의 사이즈에 맞게 스윙 횟수를 조절해 준다. 부드러운 맛을 낼 수 있는 일반적인 추출 테크닉으로, 칼리타를 비롯해 고노, 융까지 모든 드립기구에서 이용할 수 있는 방식이다.

스프링형

드리퍼의 중앙을 시작으로 하여 외곽으로 꽃 모양을 그린다는 느낌으로 스프링 모양을 그리며 시계 방향으로 스윙을 해준다.

점 형

드리퍼 중앙에 물방울을 떨어뜨려 지속적으로 물을 주입하여 주변을 고르게 적신다. 물을 붓는 것이 아니라, 한 방울씩 떨어뜨리며 주입하는 형태를 취한다. 이로 인해 원하는 커피의 양을 위해서는 오랜 시간이 걸린다는 단점이 있으나, 강한 바디감을 느낄 수가 있다. 커피의 농후함을 추출하기 위한 것으로 시간 안배와 물 주입에 세심하게 신경을 써야 한다. 강배전일 경우의 융 드립에서 많이 사용하는 방식이다.

동전형

드리퍼의 중앙에서 시작하여 500원 동전 모양을 유지하며 지속적으로 물을 붓는다. 나선형 스윙의 시작과 같으나, 넓은 면적은 사용하지 않고 안 → 밖으로 작게 500

원 모양 정도만 2~3회 정도 스윙해주는 동작을 해주는데, 이때 거품이 가라앉기 전에 지속적으로 동전형을 유지하며 가볍게 스윙해 준다. 거품이 가장자리까지 가지 않고 안에서만 추출이 이루어지므로 안전하게 추출할 수 있는 방식이다. 많은 커피 양으로 소량의 원액을 추출한다는 느낌으로 진하고 부드럽게 먹고 싶을 때 이용하면 좋다. 고노나 하리오 드립 시 사용하는 방식이다.

추출과정

1차 추출

뜸을 들이면 드리퍼의 커피가루가 전체적으로 서서히 부풀어 오르며 이 부품이 확장이 되면서 이 표면 위로 크랙의 움직임도 함께 보이게 된다. 커피가루의 활성화가 끝나는 단계인 부품이 멈추고 크랙의 움직임도 멈추게 되면 1차 추출을 시작한다. 드리퍼의 중앙에 물을 부어주며 이때 거품이 표면 위로 어느 정도 올라올 때까지 천천히 붓는다. 잘 올라온 거품을 따라 스윙을 해준다. 뜸에서의 1차적 물길이 가기는 했지만, 1차 추출 시까지는 조심스럽게 스윙을 해주며 커피의 가장 진한 성분이 추출되므로 유의한다.

2차 추출

1차 추출 후 드리퍼에서 떨어지는 물줄기가 약해지고 드리퍼 표면 위의 거품이 가라앉기 전에 다시 드리퍼 중앙에서 물을 주입한다(커피가루 위의 거품은 커피에 포함되어 있는 떫은맛 등의 잡미를 흡착하고 있다. 표면을 최대한 확보해 주면서 추출한다).

※서버의 눈금을 확인하면서 조금 빨리 주입한다. 원하는 최종 추출액이 서버 눈금에서 확인되면 드리퍼 표면 위의 거품 성분이 유입되지 않도록 드리퍼를 제거해 준다.

※드리퍼 내의 커피량이나 최종 커피 추출량에 따라 추출 횟수는 변경될 수 있으며, 드리퍼의 사이즈에 따라 표면적 사용면에서 스윙 횟수가 정해진다.

유의사항

1_ 물을 부어줄 때 수구의 높이는 가능한 커피가루에서 가까운 높이에서 떨어뜨려야 드리퍼 표면의 충격을 완화할 수 있으며 안정된 물줄기가 나올 수 있다. 너무 강하게 커피가루 위로 쏟아지게 되면 커피가루 안의 여과층이 패여 물이 커피를 통과하는 거리가 짧아지기 때문에 충분한 추출과 바디를 얻기가 어렵다.

2_ 곧은 일정한 물줄기를 사용하며, 중간에 물줄기가 끊길 경우는 다시 물을 붓는 과정에서 한꺼번에 많은 양이 나올 수 있어 추출에 안 좋은 영향을 미친다.

3_ 추출이 한쪽으로 치우치지 않도록 일정한 표면적을 사용한다(매번 같은 지점으로 물이 간다면, 커피 여과층이 패여 편 추출이 일어난다).

4_ 스윙할 때 가운데 부분은 가능한 꼼꼼하게 바깥쪽은 빠르게 통과한다(바깥쪽은 커피 여과층이 얇은 만큼 물이 추출로 이어지지 않고 드리퍼 표면을 타고 흘러버리기 때문이다).

5_ 신선한 커피의 경우는 커피가루 위로 물을 떨어뜨리는 부분을 따라 흰 거품이 생기는데, 이 거품을 기준으로 거품을 따라가며 스윙하는 것이 좋은 방법이다.

6_ 드립 시 커피가루에 뜨거운 물이 완전히 끊어지게 되면, 거품에 흡착시켜놓은 좋지 않은 성분들이 추출액에 들어가게 된다. 따라서 매 회 추출 시 다시 뜨거운 물을 커피가루 위에 떨어뜨릴 때에는 커피 여과층이 아직 뜨거운 물을 여과시키고 남아 있는 상태에서 다시 뜨거운 물을 떨어뜨린다.

7_ 페이퍼에는 직접적으로 물의 주입을 하지 않는다. 지나치게 외곽으로 스윙할 경우 리브를 타고 잡미가 흐를 수 있다.

기구별 특성

칼리타Kalita

특 성

1_ 추출 구멍이 세 개로 조화와 균형을 고려(반침지식)한다. 커피맛의 변화폭이 적고 안정적이고 부드러운 맛이 있다.

2_ 리브가 길고 반 침지라는 단점이 있어, 잘못된 추출일 경우 잡미가 많이 드러날 수 있다(첫 느낌은 순하고 부드럽게 다가오지만, 끝으로 갈수록 뒤끝이 남는 결점도 있다).

3_ 약배전에서 중배전의 원두를 많이 사용한다.

4_ 멜리타Melita보다 드리퍼의 각도가 완만하다.

추출방법

• 뜸 : 나선형

- 드리퍼의 중앙에서 외곽으로 나선형 스윙을 살포시 얹는다는 느낌으로 스윙해준다. 가운데 중심 구멍에서 똑똑 커피방울이 떨어지는 것이 좋다.

• 추출 : 나선형

- 뜸이 끝나고 드리퍼 중앙에서 외곽으로 나선형 스윙을 해준다. 여기서 드리퍼 사이즈에 맞는 스윙 횟수와 추출량에 따라 2차 → 3차 → 4차로 이어질 수 있다.
- 경우에 따라서 2차 추출이 끝난 후 물을 희석하는 방법도 있다. 드리퍼의 3구멍으로 인해 진액추출이 용이하며 약 · 중배전 원두의 특성상 과도한 추출은 콩의 특성을 결국 드러내고 만다. 원두의 이런 단점을 보완하는 방법이 이 드리퍼의 장점이기도 하다.
- 2차 진액추출 후 물을 희석하는 방법은 마일드 추출법으로 모든 배전의 원두로 추출이 가능하나, 맛은 마일드커피라는 점을 인식하고 있어야 하며 물로 희석하기 때문에 원두의 진한 맛과 본연의 맛이 감소할 수 있다.

멜리타Melita

특 성

1_ 추출 구멍이 한 개로, 물이 드리퍼 내에 머무는 시간이 길어진다(침지식). 이 추출 구멍으로 인해 물과의 접촉시간이 길어 잡미까지 추출될 가능성이 높아 대량 추출에는 적합하지 않은 단점이 있을 수 있으나, 물이 머무는 시간을 늘려주고 동시에 강배전 된 커피의 수분을 보충해 주어 묵직한 바디감과 진한 맛을 살려주는 장점이 있다.

2_ 고노와 칼리타의 중간(유럽식 감칠맛)맛이다.

3_ 중배전에서 중강배전의 원두를 사용한다.

4_ 칼리타Kalita에 비해 드리퍼의 경사가 크다.

추출방법

• 뜸 : 나선형

- 추출구의 특성상 물 빠짐이 좋지 않아 표준 뜸 시간에 비해 길게 잡는다(약 45초).

• 추출 : 나선형

- 물을 나누어 붓지 않고 계속해서 스윙을 해 주는데, 이때 추출되는 커피액과 물 주입량의 균형을 생각하여 드리퍼 내의 항상 적정량의 물이 남아있도록 하는 것이 중요하다.
- 칼리타Kalita보다 드리퍼 안에 물이 머무는 시간이 길기 때문에, 물줄기를 가늘게 하여 물의 양을 조금씩 늘려가지 않으면 드리퍼 안의 커피가루가 붕 떠버리는 결과를 초래할 수 있다.
- 경우에 따라서 횟수를 나눠 칼리타Kalita 방식의 추출도 가능하다.

고노Kono

드리퍼의 리브(Rib)

공기가 빠져나가는 통로 역할을 하며 기구별로 높이와 수가 다르다. 투과력이 약할수록 리브의 수가 많고 높이가 높다. 추출 종료 후에는 페이퍼 필터를 제거하기 쉽게 해준다.

특 성

1_ 원추형으로 큰 추출구가 한 개(투과식)이다. 추출구의 특성상 추출 속도가 빠르다. 강배전의 콩 특성상 쓴맛이 있으나, 빠른 추출로 인해 맛이 순해지고 부드러워진다.

2_ 3인 이상 용량의 커피를 추출하고자 할 때 나타나는 문제는, 추출 시간의 초과에 의한 과잉 추출인데, 이럴 경우 고노 드리퍼가 적합하다.

3_ 융 드립에 가장 가까운 맛과 원두의 개성적인(강한) 맛을 추출한다.

4_ 강하게 왔다가 사라지는, 일명 서랍을 열었다 닫는 느낌의 깔끔함을 추구한다.

5_ 강배전 원두를 사용한다.

6_ 멜리타와 칼리타에 비해 드리퍼의 경사가 가장 심하다.

추출방법

- 뜸 : 나선형
  - 멜리타나 칼리타보다 물을 적게 붓고 뜸들이는 시간을 길게 해준다. 원추형으로 물이 빠져나가는 시간이 길어지므로, 물과 커피가 접촉하는 시간적 여유를 준다.
- 추출 : 나선형, 스프링형, 동전형
  - 드리퍼 형태상 다양한 추출방법이 사용된다.
  - 가장자리 페이퍼까지 거품이 가지 않기 때문에 안전하게 커피성분을 추출할 수 있으며 커피의 신맛, 단맛에서 끊기기 때문에, 강배전에서 오는 쓴맛이 한층 더 순화되고 부드러워진다.

하리오Hario

형태가 고노와 비슷하고 리브Rib가 나선형이다.

융Nel

융 드립

별도의 필터가 필요 없으며, 드리퍼 없이 추출이 가능하다.
종이 필터를 사용하지 않음으로써 커피 오일 성분이 추출되어 커피 그대로의 맛을 즐길 수 있는 장점이 있다. 사용 후 융의 관리 및 보관에 신중해야 한다.

특 성

1_ 지방성분의 추출량이 페이퍼 드립보다 많아 향과 맛이 우수하다.

2_ 드리퍼의 재질상 커피가루의 팽창이 자유로워 바디가 풍부하다.

3_ 잡미나 불필요한 쓴맛을 걸러내어 진하면서도 부드러운 커피맛을 표현한다.

4_ 강배전의 원두를 사용한다.

5_ 취급이나 관리가 어렵다.

6_ 사용횟수가 늘어남에 따라 융Nel의 투과시간이 느려지고, 따라서 전체적인 추출 시간에 변화를 일으켜 맛의 일관성이 떨어진다.

7_ 한 잔 추출에 필요한 커피의 양도 많고, 페이퍼 필터에 비해 융의 가격이 높기 때문에 원가부담이 늘어난다.

추출방법

• 뜸 : 나선형, 점식

- 드리퍼의 중앙에서 외곽쪽으로 소량의 뜨거운 물을 천천히 붓는다. 이때 뜨거운 물이 커피가루의 가장자리를 적시지 않도록 주의한다.
- 키위가루가 팽창하고 다 부풀어 올랐다면 1차 추출을 시작하는데, 산미를 살리고 싶다면 다 부풀어 오르기 전에 다시 추출을 시작해도 좋다. 보통은 활성화 후 10~20초, 감칠맛을 살리고 싶다면 1분 30초~2분 정도 기다려도 된다.
- 활성화의 최적 상태는 다 부풀어 오른 시점에서 드리퍼 아래 서버로 2~3방울 커피액이 떨어지는 정도가 최적이다.

• 추출 : 나선형

- 커피가루 여과층이 패여 뜨거운 물이 커피를 통과하는 거리가 짧아져 충분한 바디감을 얻기 어렵기 때문에, 물의 주입은 가능한 커피가루에서 가까운 높이에서 떨어지게 스윙해 준다. 또한 여과층이 패여 편추출을 막기 위해 융Nel의

중앙에서 밖 → 안으로 나선형 스윙을 해준다(이때 가운데 부분은 꼼꼼하게, 바깥쪽은 빠르게 통과한다).

- 활성화(뜸) 이후의 추출은 원하는 농도의 추출액과 커피의 양을 얻기 위해 2~4회로 나누게 된다. 각 회당 떨어뜨리는 물의 양을 변화시키는 것만으로도 커피의 농도와 맛의 변화를 가져올 수 있다(단, 추출시간에 따른 물의 온도변화를 생각한다).

융Nel 드립 음용법

융Nel 드립으로 추출한 커피는 다른 방법으로 추출된 커피에 비해 온도가 낮은 편이다. 융 드립 커피가 끓게 되면 지방성분이 변성되어 부드러움이 떨어지고 맛과 향도 엉망이 되므로, 충분히 데워진 두꺼운 동냄비나 체즈베 또는 서버에 커피를 추출하고 끓거나 졸지 않게 센불로 살짝 데운 다음, 따듯하게 해둔 잔에 따라서 마시면 된다.

사용 및 보관법

1_ 처음으로 사용하는 융Nel은 커피액이 희석된 물에 충분히 불려주거나 10분 정도 끓는물에 삶는다. 이 과정을 생략할 경우 추출되는 커피가 자연스럽게 흘러내리기 어렵고 첫 회 추출되는 커피의 성분이 융 깊숙이 흡착되기 때문이다.

2_ 융Nel 사용 시 기모가 있는 쪽에 커피가루를 닿도록 하는 방법과 그 반대 방향이 있는데, 기모가 커피에 닿지 않을 경우 추출시간이 느려지고 융의 사용 횟수가 줄어든다.

3_ 기모를 안쪽으로 하면 추출 면에서 수율이 낮아지고 추출 오버의 위험이 커진다는 이유로 기모를 바깥쪽으로 하는 것에 대한 의견이 있다. 양쪽 다 시험해보고 직접 맛을 평가하여 본인에 맞는 사용법을 택한다.

4_ 추출하고자 할 때 냉장 보관된 융Nel을 물에서 꺼내어 흐르는 물에 깨끗이 씻은 후 깨끗한 면이나 타월로 물기를 제거해 준다.

5_ 물기제거 후 융Nel에 커피가루를 바로 담지 않고, 담기 전 융을 고정 링에 끼워 놓고 따듯한 물이 담긴 컵 위에 보온 후 커피가루를 담아 추출한다.

6_ 융Nel은 사용 후 바로 커피가루를 버리고, 흐르는 물로 양쪽 면을 충분히 씻어야 하며 세제를 사용하지 않는다.

7_ 추출 후 깨끗이 씻은 융Nel은 깨끗한 물에 담긴 밀폐용기에 넣어 완전히 잠기게 해서 냉장고에 보관한다. 사용한 융은 커피의 지방성분이 흡착되고 이것이 산화되면 냄새가 나기 때문에 찬물로 보관하고, 융을 사용하지 않는 날에도 매일 깨끗한 찬물로 씻어준다.

기타 추출기구

사이폰Syphon

사이폰

진공여과 방식으로 커피가 추출되며, 베큠(Vacuum)이라고도 불린다. 추출 시간은 드립방식보다 시간이 짧게 걸리며, 약 1분 정도 소요된다. 커피 추출방법 중에서도 가장 화려한 방법 중의 하나일 것이다.

구 조

상부 로트, 필터, 하부플라스크, 알코올램프

특 성

1_ 침지, 보일링식, 진공여과 방식, 하부 플라스크에 물을 넣고 가열램프를 이용하여 고온에서 물이 끓여지고, 이때 증기의 압력으로 인해 물이 상부 로트의 유리관을 통해 올라온다. 상부 로트에 담긴 커피가루가 물에 잠기게 되고 어느 정도 우려낸 후 불을 끄면, 압력이 없어지고 상부 플라스크에 장착된 필터로 커피가루는 걸러지고 추출 커피액만 하부 플라스크로 내려오게 된다.

2_ 기구의 형태와 추출 과정으로 인해 연출력이 뛰어나 밤이나 특별한 날에 더욱 잘 어울린다.

3_ 1분 정도의 짧은 추출 시간은 장 · 단점이 있는데, 향은 좋으나 커피의 깊고 진한 맛보다는 가볍고 산뜻하며 깨끗한 맛을 표현할 수 있다.

4_ 중간에 커피가루를 우려내는 시간과 커피의 양, 물의 양으로 농도조절을 할 수 있다.

5_ 일코올, 할로겐램프나 가스스토브를 사용하여 물이 끓여지는 고온 추출 특성상 원두 선택은 약배전 상태의 원두를 사용하며, 이때 향이 좋은 원두를 선택한다면 더 좋다.

6_ 상부 로트에 장착될 여과필터는 종이를 끼워 사용하는 플라스틱과 융 필터가 있다.

7_ 추출 시 스틱을 젓는 방법에 따라 맛이 달라질 수 있으므로 스틱 젓기를 잘해줘야 하며, 추출이 용이하도록 스틱 재질이나 모양에도 신경을 쓰도록 한다.

8_ 유리제품으로, 깨지기 쉽고 불을 다루는 작업도 병행해야 하므로 추출 시 주의해야 한다.

추출방법

2인용 기준으로 원두의 양은 15~20g 사용하고, 물의 양은 드립 추출보다 30~50㎖ 정도 더 많게 사용한다.

1_ 커피를 분쇄한다(드립보다 약간 가는 분쇄입도).
2_ 상부 로트를 하부 플라스크에서 분리한 후 여과필터를 정중앙에 장착해 준다.
3_ 하부 플라스크에 정량의 물을 붓고 알코올램프로 가열하기 전 플라스크의 물기는 반드시 닦는다. 물기가 있는 상태에서는 터질 수 있기 때문이다. 알코올램프로 물을 끓이게 될 경우, 미리 뜨거운 물을 준비하게 되면 끓이는 시간이 단축된다.
4_ 알코올램프에 불을 붙인다. 이때 화력은 너무 약하지 않게 심지로 불꽃의 높이를 조정한다.
5_ 준비된 하부 플라스크에 상부 로트를 살짝 걸쳐 놓는다.
6_ 물이 끓으면 로트에 분쇄된 커피를 넣고 좌·우로 흔들어서 수평을 맞춘다.
7_ 로트를 하부 플라스크에 장착한다. 너무 강한 장착은 강한 압에 의해 추출한 후 분리가 어려워지므로 주의해야 한다.
8_ 하부 플라스크의 물이 더 이상 올라가지 않고 멈추면, 상부 로트 안으로 스틱을 넣어 저어준다(스틱 횟수는 10회 정도).
9_ 스틱 회전 후 15~30초 경과한 후 불을 끄고 2차 스틱을 저어준다(동일 횟수).
10_ 추출액이 하부 플라스크에 내려오고 로트를 분리시킨다. 로트 여과필터 위로 커피가루만 남고 추출액은 하부 플라스크로 내려오게 되는데, 잡미성분이 내려오지 않게 추출액이 내려올 때는 거품이 많이 생겨야 잘된 것이다. 로트를 하부 플라스크에서 분리해주어야 한다.

※커피의 부드러운 맛을 원할 때는 커피가 물에 잠기는 시간을 줄여주고 2차 스틱 횟수도 줄여준다. 반대로 진한 맛을 원할 때는 2차 스틱 회전 전인 불끄기 전의 시간을 늘려주고 스틱 횟수도 늘려준다. 이때 커피의 농도 조절이 가능하며, 커피의 사용량이나 물의 양으로도 조절이 가능하다.

注意
ないでください
なります

모카 포트Moka Pot

모카 포트
높은 압력에서 뽑은 에스프레소와 유사하게 크레마는 없지만 맛과 향은 기계로 추출한 것과 비슷하다. 증기의 압력에 의해 뜨거운 물이 빠르게 커피를 통과함으로써 추출되는 원리이다.

구 조

물을 담는 보일러, 커피를 담는 바스켓 필터, 커피가 추출되어 담기는 컨테이너로 구성되어 있다.

특 성

1_ 가정용 에스프레소를 즐기기에 적당하다.
2_ 알루미늄, 스테인리스, 도자기 포트 등 재질에 따른 특징과 장 · 단점이 있다. 본인의 입맛과 개성에 따라 선택할 수 있다.
3_ 일반 주전자와 다르게 1인용, 2인용 등으로 용량을 나눈다. 본인에 맞는 용량을 택하는데, 커피의 양이 결정되는 순간이므로 모카 포트의 용량은 경제적인 문제와 연결되므로 추출하고자 하는 양으로 용량을 정해야 낭비를 막을 수 있다.
4_ 에스프레소와 마찬가지로 블랜딩 된 원두를 사용한다.

추출방법

1_ 커피를 분쇄한다. 원두의 그라인딩 상대는 너무 곱거나 굵지 않게 하는 것이 좋나. 석낭한 굵기는 커피 머신과 드립의 중간 정도라고 보면 된다.
2_ 보일러에 정수된 물을 채운다. 이때 안전밸브(압력밸브) 아래까지만 담아야 물이 끓으면서 나머지 공간의 압력이 생긴다. 커피머신의 보일러와 같은 이치이다.
3_ 바스켓 필터에 커피를 알맞게 담는다. 담을 때는 꾹꾹 눌러 담지 말고, 적당히 눌러 평평하게 스푼으로 펴준다. 커피머신의 탬핑처럼 누르게 되면 추출이 어려워진다. 보일러의 압력이 커피머신처럼 세지 않기 때문이다.
4_ 커피가 담긴 바스켓 필터를 윗부분과 아랫부분을 돌려 잠근다.
5_ 가스레인지에 올려놓고 가열하면, 커피가 추출되어 컨테이너에 담기게 되고 넘치기 전에 불을 끈다.

프렌치 프레스French Press

프렌치 프레스

간단하면서도 별도의 소모품 없이 뜨거운 물과 커피만 있으면 된다.
커피뿐만 아니라 차를 우려낼 때에도 사용할 수 있다.
추출 시간을 마음대로 조절할 수 있기 때문에 쉽게 커피맛을 조절할 수 있다.

구 조

유리로 된 커피를 담는 용기, 피스톤이 달린 뚜껑으로 구성되어 있다.

특 성

1_ 다양한 용도로 사용이 가능하다. 커피 이외에 차를 우려 마실 때나 가정에서 카푸치노를 만들기 위해 우유거품을 낼 때에 사용된다.
2_ 추출기구의 사용이 쉽고 간편하다. 용도에 맞게 용기 안에 재료를 넣고 뜨거운 물을 붓고 일정시간이 지나면, 이때 피스톤으로 눌러 추출액만 따르면 된다.
3_ 추출액을 따르는 과정에서 약간의 찌꺼기도 함께 나올 수 있어 매끄럽지 않을 수도 있다.
4_ 물에 잠기는 우려내기 방식은 커피성분이 보다 많이 남게 되어, 바디가 강한 커피를 추출할 수 있다.

추출방법

1인용 기준으로 원두의 양은 10~15g, 물의 양은 200㎖ 정도 사용한다.

1_ 커피를 분쇄한다(드립이나 드립보다 약간 굵게 분쇄).
2_ 분쇄한 커피를 용기에 담는다.
3_ 90~95℃의 물을 커피가루가 담긴 용기에 붓고 적당히 저어준다.
4_ 저은 후 약 1분 ~ 1분 30초 정도 기다린 후 피스톤으로 누른다.
5_ 찌꺼기를 감안하여 150㎖ 정도로 따른다.

더치커피(콜드브루)

더치커피

차가운 물로 장시간 추출(8~12시간)하는 방식으로 커피의 눈물, 커피의 와인 바디감을 느낄 수 있는 신비스런 커피이다. 더치커피의 맛은 커피 순수 재료의 맛보다는 콜드 브루잉(Cold Brewing)에 좌우되기도 한다. 75℃ 이상의 온도에서 추출되고, 차가운 물에서는 소량이 추출된다. 추출수 500㎖에 80g 정도를 넣고, 분쇄도는 드립과 에스프레소의 중간 정도이며, 물은 2~3초에 한 방울씩 떨어뜨려 준다.

에스프레소

에스프레소

이탈리아에서 처음 만들어졌으며 이탈리아어로 '빠르다'라는 의미로, 6~8g의 커피원두를 사용해 20~30초의 빠른 시간 내에 20~30㎖의 양을 에스프레소 기계를 이용해 추출한 커피다. 이렇게 만들어진 에스프레소 한 잔에는 향, 맛, 느낌, 여운의 모든 요소를 조화롭게 느낄 수 있어야 한다. 모든 에스프레소 음료의 기본이 되므로 진액 액기스의 느낌이라 할 수 있다. 이런 완벽한 한 잔의 커피를 느끼기 위해선 생두 로스팅 · 블랜딩의 과정을 거친 양질의 원두와 분쇄방법, 추출시간, 기압, 온도 등 바리스타의 기술적 부분까지 중요하다.

에스프레소의 맛을 내는 요소

크레마

크레마Crema라는 단어는 신조어로서 원래는 'Natural Coffee Cream'이라 불렀다고 한다. 잘 만들어진 에스프레소Espresso 한 잔의 표면에는 두께 3~4㎜의 갈색 크림층이 생기며, 이 크레마는 향과 커피온도를 유지해주는 단열층 역할을 한다.

에스프레소 잔

잔은 밑으로 갈수록 좁아지고 묵직한 형태가 좋다. 밑으로 갈수록 좁아지는 잔은 어느 정도 깊이가 있어 커피의 색을 더 멋지게 보이게 하는 효과가 있으며, 부피감 있는 잔은 보온효과가 있다. 에스프레소는 온도변화에 따라 맛이 쉽게 변하므로 식지 않게 잔을 뜨거운 물로 데워두거나 기계 위에 놓고 데워둔다.

※에스프레소 잔의 용량은 60~80㎖ 정도가 적당하다. 이러한 에스프레소 잔을 데미타세 잔이라 부른다.

※설탕을 듬뿍 넣어 마시면 전체적으로 커피가 부드러워지고 맛에 깊이가 생기며 마신 후에도 그 여운이 오래간다.

커피머신Coffee Machine

한 잔의 에스프레소가 최종적으로 만들어져 양질의 커피가 결정되는 마지막 단계에 있어서, 이 커피머신Coffee Machine은 중요한 역할을 한다. 머신을 이용해서 만들어진 에스프레소 커피의 탄생으로 전 세계적으로 커피 보급을 빠르게 확산시켰으며, 바리스타에게 있어서는 에스프레소를 손쉽게 얻을 수 있는 조력자이자 파트너이기도 하다. 바리스타는 이 커피머신의 종류와 특징, 구조, 관리방법을 숙지하고 있다면, 어떤 머신으로도 양질의 에스프레소를 얻을 수 있다.

에스프레소 머신의 탄생과 발전 과정

17~18세기 무렵 유럽 각지에서 커피하우스가 생기게 되고 커피가 대중화되었다. 이때까지만 해도 물에 커피가루와 설탕을 함께 넣어 끓여서 마시는 터키식 커피가 주류였다. 이후로 입에 남는 커피가루의 문제점을 해결하기 위해 끓인 커피를 천으로 걸러내는 방법이 있었고, 더 나아가 필터를 이용해 여과하여 깔끔한 느낌의 커피인 드립커피 추출방법이 고안되었다.

그러나 터키식 커피나 드립커피는 추출시간이 오래 걸린다는 단점이 있어, 나날이 늘어나는 커피하우스의 대중적 수요에 대처하기엔 역부족이었다. 추출 속도는 곧 판매량과 직결되기 때문에 이러한 상황에 맞는 대안이 19세기 이탈리아에서 나왔다. 증기압을 이용한 대표적 추출방법인 지금의 버큠팟(사이폰) 방식인 진공추출법이다. 한편에서는 더 진한 커피와 커피추출 속도를 빠르게 할 여러 가지 실험을 하였고, 그 대표적인 것이 증기압을 이용하여 뜨거운 물을 강제로 밀어냄으로써 커피가루 사이를 빠르게 통과시키는 방법이다. 1901년 이탈리아 밀라노의 베제라Luigi Bezzera가 머신을 개발하였고, 1905년에는 한층 완성도를 높인 데지데리오 파보니Desiderio Pavoni에 의한 커피머신이 개발되었다.

이후 증기압 머신을 개조한 새로운 방식의 피스톤 원리를 응용한 레버식 커피머신이 밀라노의 아킬레 가찌아Achille Gaggia에 의해 만들어졌다. 가찌아 커피머신은 적절한 온도를 유지하면서 9기압의 추출압력도 있다는 점과, 힘 조절이나 온도 조절을 통해 미세한 맛 조절도 가능하게 되어 이러한 장점으로 인해 피스톤식 커피 머신은 급속히 보급되었다. 현재 매뉴얼식 에스프레소 커피머신의 기초가 되고 있다. 또한 이러한 커피머신의 발전 과정에서 높은 압력으로 인한 예상치 못한 커피 표면의 미세한 거품, 즉 크레마가 생겨 에스프레소의 상징으로 떠오르게 되었다. 이후 모터 펌프를 이용하여 뜨거운 물을 밀어내는 오늘날의 에스프레소 머신이 만들어진 것이다.

머신의 구분

커피머신은 성능이나 용량에 따라 자동과 반자동, 1그룹, 2그룹, 3그룹, 4그룹 등으로 구분된다. 추출 방식과 원리의 차이에 따라 수동식, 반자동식, 자동식, 전자동식 등으로 구분하기도 하지만, 일반적으로 수동식, 반자동식, 자동식 3가지로 나뉜다.

수동식 에스프레소 커피머신

에스프레소 커피머신의 원조격으로 레버의 지렛대 원리를 응용한 피스톤식 기계라고 할 수 있다. 이 수동식 커피머신은 지렛대의 원리를 응용했기 때문에, 큰 힘을 들이지 않고도 적절한 압력에 의한 커피추출이 가능하다는 점에서 획기적인 발명으로 평가되었으며, 그 편리성과 시각적이고 퍼포먼스적인 효과를 바탕으로 유럽의 고급카페를 중심으로 각광받았다.

그러나 추출 시 매번 사람의 손과 힘에 의존하기 때문에 일정한 커피맛을 내기가 어렵고 스피드 면에서 떨어져 반자동 머신이 개발되면서 빠르게 퇴출되었다. 아직도 일부 유통되고 있으며, 유럽의 카페 중에는 이 수동식 머신을 고집하는 곳도 있다.

반자동 에스프레소 커피머신

개발 초기에는 수동식에 더 가까울 만큼 손이 많이 가는 기계들이 위주였으나, 요즈음에는 디지털 방식의 프로그래밍에 의해 포터필터를 장착하고 버튼만 눌러주면 되는 자동식이 주류를 이루고 있다. 그라인더와 머신이 분리되어 있어 원두커피에 열이 가해지지 않아 맛의 변화가 적은 양질의 에스프레소 커피 추출이 이루어질 수 있으며, 바리스타의 능력에 따라 다양한 에스프레소 메뉴 만들기와 다양한 에스프레소의 맛을 추구할 수 있다.

또한 기계적인 메커니즘이 비교적 단순하기 때문에, 잔고장이 적어 관리가 용이하다는 장점이 있는 반면, 장비에 대한 이해와 다루는 기술이 필요하고 추출하는 사람에 따라 맛의 차이가 있을 수 있으며 설치공간이 넓고 전문성이 요구되는 단점이 있다.

전자동 에스프레소 커피머신

그라인더가 머신 내부에 장착되어 있어 분쇄와 추출이 동시에 이루어지는 커피머신이다. 이처럼 커피추출이 쉽고 간편하며 프로그래밍에 의해 누가 작동해도 일정한 커피맛을 낼 수 있는 장점이 있다. 반면, 원두를 머신 내부머신에 담기 때문에, 커피 소모량이 적을 경우 맛의 변화가 생기기 쉬운 단점과, 다양한 맛의 변화가 어렵고 디지털 기술을 적용으로 잔고장이 많고 반자동 머신에 비해 상대적으로 비싸기 때문에 초기 구입비가 높다. 주로 에스프레소 전용으로 개발되었으나, 최근에는 카페라떼, 카푸치노 등 기본 메뉴를 자동으로 추출해 주는 제품도 출시되고 있다.

에스프레소 머신을 구성하는 요소

에스프레소 커피를 추출하는데 있어서 머신의 종류에 따라 그 구조와 구성요소는 다르겠지만, 많이 사용되는 반자동 머신을 기준으로 하여 간략하게 살펴본다.

보일러

물을 데워주는 장치로 전기히터 가열 방식과 열교환 방식의 이중구조 보일러가 많이 사용되고 있다. 보일러 내부는 보통 열교환 방식인 이중구조의 보일러가 대부분이며, 한 개의 보일러는 커피추출용으로, 다른 한 개의 보일러는 스팀 및 온수공급용으로 설계되어 있다. 보일러 내부에는 물이 약 60~70%, 스팀이 30~40%가 채워지도록 되어 있으며, 물과 스팀이 소모됨에 따라 자동으로 보충하게 되어 있다.

보일러의 용량은 클수록 유리하며, 이는 스팀압력의 적정압력을 유지하는 데도 많은 도움이 되는 동시에 커피온도의 적정온도를 유지시키는 데도 기여한다.

보일러 내부의 압력은 1~1.5bar를 유지하고 있는데, 머신의 보일러 압력게이지로 확인할 수가 있다(보일러 압력게이지는 기계가 가동된 상태에서 1~1.5bar를 항상 유지하고 있어야 한다).

※보일러의 재질은 열효율과 기타 편리성을 위해 구리로 된 보일러가 많이 사용되고 있으며, 구리의 부식과 곰팡이가 생기는 단점을 위해 크롬으로 도금처리 하는 경우도 있다.

펌 프

보일러에 물을 공급시켜주는 동시에 커피 추출이 가능한 7~9bar의 압력으로 높여주는 역할을 한다. 펌프 측면에 압력을 조절할 수 있는 돌출된 부분이 있는데, 드라이버로 돌려 추출압력 조정을 할 수가 있다. 시계방향은 압력을 올려주며, 시계반대방향은 압력을 내려준다. 이때 압력은 압력게이지를 보면서 머신을 작동시켜 놓은 상태에서 조절해야 단시간에 정확히 조절할 수가 있다.

에스프레소를 추출할 때 만약 이 펌프의 압력이 부족하다면 추출시간이 길어지며, 추출 압력이 강하면 정상보다 빠른 시간에 추출되므로 바리스타는 이 펌프의 압력을 조절하는 법을 확실히 익혀두어야 원하는 양질의 에스프레소를 얻을 수 있다.

스팀압력 조절기

보일러 내부의 물을 끓여 압력을 발생시키면 원하는 유효 압력이 유지될 수 있도록 하는 기능을 한다. 보일러에서 얻어진 압력이 파이프를 통하여 이 장치의 감지판에 전달되어 정해진 압력이 되면 Off가 되며, 반대로 압력이 떨어지면 On이 되는 일을 반복하여 적정 압력을 유지하게 해준다.

※그룹헤드 : 머신과 포터필터를 결합시켜주는 부분으로 구성은 개스킷, 그룹필터, 샤워헤드로 되어 있다. 머신에 따라 개스킷 장착형 그룹필터와 나사 장착형 그룹필터가 있다. 펌프로 밀어주는 물이 9기압의 압력으로 고루 퍼져 나올 수 있도록 주기적 청소와 관리가 필요하다. 커피의 스테인이 축적될 경우 물의 분사가 제대로 되지 않아 제대로 된 에스프레소의 맛을 기대할 수 없다. 추출할 때 누수가 되면 개스킷이나 샤워헤드의 오염 여부를 꼭 확인해야 한다. 또한 그룹헤드는 뜨겁게 덥혀져 있으므로 주의해야 한다.

※포터필터 : 그라인딩 된 커피를 담아 그룹헤드에 장착시키는 금속필터 망을 가지고 있으므로, 커피를 추출한 후 찌꺼기통(Knock Box)에 털어내고 물에 헹구고 난 후 포터워터가 비어 있는 상태로 그룹헤드에 항상 장착해 놓는 것이 좋다.

에스프레소 머신의 각 부분 명칭

❶ 전원 스위치	❷ 압력 게이지
❸ 온수밸브	❹ 핫워터 디스펜서
❺ 스팀밸브	❻ 스팀완드
❼ 스팀노즐	❽ 그룹헤드
❾ 더블포터필터	❿ 싱글포터필터
⓫ 그릴+물받이	⓬ 추출버튼

에스프레소 추출하기

한 잔의 에스프레소(20~30㎖)를 추출하기 위해 커피원두를 그라인딩 후 포터필터Porta Filter/Filter Hold에 담고 탬퍼Tamper를 이용해 탬핑Tamping이라는 과정을 거치게 됨 커피 머신의 그룹헤드에 장착하면 커피 추출액이 나오게 된다. 여기서 중요한 작업인 원하는 맛(추출시간)에 맞는 추출량을 위해서는 메시 맞추기, 적당량의 분쇄량과 탬핑 시의 힘 조절이 필요하다.

포터필터Porta Filter/Filter Holder

분쇄된 커피를 그룹에 장착 시에 이 커피분말을 담을 수 있는 기구로, 일명 드립도구인 드리퍼의 역할을 한다. 포터필터는 크게 싱글용과 더블용으로 나뉘는데, 배출구가 한 개인 경우에는 싱글용 필터가 사용되며, 두 개인 경우에는 더블용 필터를 사용한다.

탬핑Tamping

포터필터에 담겨진 커피 분말을 탬퍼로 눌러 공기를 빼고 잘 다진다.

탬퍼Tamper

탬핑 시 필요한 도구(탬퍼의 종류는 그라인더에 부착된 탬퍼, 플라스틱 알루미늄, 스테인리스 탬퍼 등이 있다). 탬퍼는 포터필터보다 지름이 1㎜ 정도 작은 것을 사용한다.

추출순서

1단계 그라인딩 후 포터필터에 담기

① 그라인더의 전원 스위치를 누르고 레버를 당겨 포터필터 안에 분쇄커피를 구석구석 담는다(포터필터 손잡이 방향을 돌려가며 구석구석 채워간다).

② 포터필터 안에 분쇄커피가 어느 정도 채워지면, 스위치를 끄고 도저 안에 남은 분쇄커피를 레버를 당겨 평평하게 담는다(이 과정에서 포터필터 안의 빈 부분을 채우거나, 수평을 맞추기 위해 탬퍼의 손잡이로 가볍게 포터필터의 바깥쪽을 톡톡 칠 수 있다).

③ 탬핑 전 편평하게 필터 안에 적당량의 분쇄커피를 채우는 과정은 매번 계량을 하지 않고도 항상 같은 양을 필터 안에 정확하게 채울 수 있도록 한다(보통 한 잔 추출할 경우 8~9g 정도의 커피를 사용하는데, 더블필터인 경우 16~18kg 정도 채워지게 한다).

2단계 탬핑

① 포터필터의 배출구(추출구)가 바닥에 닿지 않도록 작업대의 가장자리나 전용 고정기구 위에 수평으로 놓는다.

② 1차 탬핑 : 탬퍼를 이용하여 살짝 눌러주는 정도로 포터필터 내의 분쇄커피를 다져준 후, 이때 필터 내벽에 묻어있는 커피가루를 떨어뜨리기 위해 탬퍼율을 이용하여 포터필터의 바깥쪽 부분을 가볍게 쳐주는 탬핑Tapping을 한다.

※탬핑 시 포터필터가 파손되지 않도록 탬퍼의 밑면이 아닌 포터필터보다 약한 재질인 손잡이 부분을 이용해 쳐준다. 포터필터 바깥쪽 측면이 아닌 필터나 포터필터 옆의 양쪽으로 튀어나온 부분을 치면 그룹헤드 장착 시 압이 새거나 완전히 고정되지 않을 수 있으므로 주의해야 한다. 탬핑은 너무 약하게 하면 가루가 떨어지지 않고, 너무 강하게 하면 표면에 균열이 일어나므로 가루가 떨어질 정도로만 해준다.

③ 2차 탬핑 : 포터필터에 담겨진 커피가루에 고르게 힘이 갈 수 있도록 포터필터를 수평으로 유지하고, 탬퍼가 수직으로 되게 하여 누른다. 이때 수직으로 누르

면서 돌려 탬핑하기가 있는데, 비틀어 누르면 커피가루의 공기가 빠지는 장점도 있으나 너무 과도하게 돌릴 경우 표면에 막이 형성되어 물 투과가 힘들어져 추출에 방해가 되므로 주의한다.

※탬핑 시 필터 내부의 커피가루가 필터 높이의 3~5㎜ 정도만 남긴 위치까지 다져지도록 한다. 추출할 때 커피가루가 수분을 흡수하여 팽창하기 때문이다(일반적으로 필터 내부에 Fill-Line이 표시되어 있다).

※포터필터에 담겨진 커피가루를 다지는 기구로, 항상 청결해야 하며 물기 없이 보관해야 한다.

3단계 그룹헤드 장착 후 추출

① 그룹헤드 물 빼기(포터필터 장착하기 전에 머신의 연속추출 버튼을 2~3초간 눌러 뜨거운 물을 빼내 그룹헤드를 데운다)를 한다.

② 탬핑이 완료된 포터필터를 먼저 헤드에 끼워 돌린 후, 안전하게 움직이지 않도록 장착한다.

③ 데워진 잔을 배출구 아래에 놓고 버튼을 누른다.

④ 뜸시간infusion 확인 후 커피 물줄기를 확인한다(커피 머신마다 인퓨전 시간이 다르며, 추출구에서 떨어지는 물줄기로도 분쇄입자 굵기와 추출 시간을 짐작할 수 있다).

⑤ 원하는 추출량을 확인한 후 버튼을 눌러 추출을 종료한다(20~30㎖의 추출량을 추출하는 시간은 보통 20~30초 정도이다. 여기서 추출 시간은 인퓨전 시간을 뺀 시간을 말한다).

추출 후 점검사항

빠른 추출

- 배출구에서 떨어지는 커피 물줄기가 굵고 20초 이내로 빨리 떨어지게 되는 경우가 있는데, 이런 경우 크레마색도 연하고 금방 사라지게 된다. 맛 또한 밋밋하다.

※원인 : 분쇄입자가 너무 굵거나, 포터필터에 담겨진 양이 적고 탬핑이 약하여 빠른 추출이 이루어진다.

느린 추출

- 인퓨전 시간이 지난 한참 후에 배출구에서 방울져 떨어지거나 아주 약한 물줄기로 떨어지는 경우로, 추출 시간 초과에 따른 잡미까지 추출하게 된다. 크레마의 색도 진하고 크레마 표면에 얼룩진 검은 오일이 떠있다. 전체적으로 강한 쓴맛이 느껴진다.

※원인 : 분쇄입자가 너무 가늘고 커피의 양이 많거나 탬핑의 강도가 너무 강해서 느린 추출이 이루어진다.

더블용 포터필터일 경우 한쪽 추출구에서 먼저 나오는 경우

※원인 : 머신의 수평 설치가 되어있지 않거나, 추출구의 표면이 매끄럽지 않을 경우이다.

- 탬핑 시 수평이 이루어지지 않아 잘 다져지지 않은 곳부터 먼저 떨어진다.
- 메시가 고르지 못해 성긴 부분에서 먼저 떨어지게 된다.
- 추출이 잘되었는지 확인하는 몇 가지 방법
  - 첫째는 가장 손쉬운 방법으로, 추출된 커피를 맛을 본다.
  - 커피 추출 직후 필터에 담겨진 커피가루에 수분이 고르게 흡수되었는지 확인하는 방법으로, 손가락으로 만져보았을 때 수분이 묻어나지 않으면 추출이 잘되었다고 볼 수 있다.
  - 추출 후 커피의 가루들이 뭉쳐져 있는 상태(커피 케이크, 쿠키)로도 확인할 수 있는데, 잘 추출된 커피 케이크는 단단하며 필터 모양을 그대로 가지고 있다. 즉 필터에 담겨진 커피의 양이 적당하다는 뜻이다.

스팀 밀크 만들기

스팀 밀크란?

스팀 밀크는 스팀 완드를 통해 나온 수증기가 주위의 공기를 끌어당겨 우유 속에 넣어서 거품을 만들고, 동시에 우유를 데워 혼합하는 과정을 거쳐 만들어진다. 여기서 만들어진 폼 밀크Foamed Milk와 핫 밀크Hot Milk의 혼합을 스팀 밀크Steam Milk라 한다. 스팀 밀크는 아주 미세한 거품으로, 전체적으로 매끄러우며 윤기가 나고 적당량의 중량감이 있어야 한다.

스팀 피처

스팀 밀크를 만들기 위해 가장 중요한 작업도구는 스팀 피처이다. 일반적으로 열전도율이 높아 손으로 온도를 감지하기 쉽고, 내구성과 살균세척이 쉬운 스테인 리스의 피처를 사용한다. 스팀 피처의 모양은 아래는 넓고 위로 갈수록 좁은 모양이 좋다. 이는 스팀노즐의 구멍에서 분사되는 수증기의 모양과 일치하여 원활한 회전으로 혼합이 쉽고, 이로 인해 고운 거품을 만들 수 있기 때문이다. 한편, 스팀 피처의 두께는 우유 속에 들어 있는 유지방 함량에 따라 차이가 있으며, 고지방 우유를 사용할 경우에는 좀 더 두꺼운 피처를 사용하여 우유에 온도를 서서히 높여야 질 좋은 거품을 만들 수 있다.

라떼아트 목적으로 스팀 피처의 앞부분이 일반 피처보다 긴 경우도 있는데, 용도에 맞게 선택한 후 사용하면 된다. 여기서 피처의 용량은 사용하고자 하는 우유의 양 두 배는 되어야 한다. 예를 들어, 카푸치노 두 잔을 만들기 위해서는 500㎖의 피처를 사용한다. 피처의 용량을 초과하여 많은 양의 우유로 스팀 밀크를 만들 경우 넘치기가 쉽고, 반대로 우유의 양이 적은 경우 질 좋은 스팀 밀크를 기대하기는 어렵다. 마지막으로, 질 좋은 거품을 얻기 위해서는 스팀 피처는 항상 차가운 0~5℃의 냉장고에서 꺼내거나 차가운 상태에서 사용하도록 한다.

과 정

1_ 스팀 피처에 우유 담기

차가운 우유(5℃ 정도)를 피처의 1/3~1/2 정도가 되도록 넣는다.

(예) 500㎖ 용량의 피처의 경우, 일반적으로 250㎖의 우유를 넣는다.

2_ 스티밍 전 밸브 열기

스티밍 전 밸브를 2~3초 정도 열어 스팀완드에 맺힌 물을 배출시키고 스팀완드를 데워준다(물과 수증기가 나오는 스팀완드의 각도를 주의하여 열어준다). 이때 커피 머신마다 작동방법이 다를 수 있는데, 스팀 밸브의 최대 출력 정도를 미리 확인해두어 밸브를 열 때 한 번에 열고 잠글 수 있다. 스팀 밸브를 여는 과정에서 최대 출력이 아닌 약한 스팀으로는, 공기 주입이 제대로 이루어지지 않아 곱고 윤기 있는 거품이 아닌 우유만 데워진 핫 밀크만 만들어지게 된다.

3_ 스팀노즐 담그기

밸브를 열기 전 노즐 팁을 피처의 우유에 담근 후 최대출력으로 밸브를 열어준다(본인이 안정적으로 공기주입과 혼합이 가능하게 노즐 립의 위치나 스팀완드의 각도를 생각해서 노즐 팁을 담근다). 이때 너무 낮게 노즐을 담글 경우, 강한 스팀에 의해 순간적으로 많은 공기가 주입되므로 좋은 거품을 얻기가 힘들다.

4_ 공기 주입과 동시에 한 손은 온도감지

파도치듯 출렁이는 피처의 우유 사이로 공기 주입이 되도록 피처의 각도를 살짝 노즐 팁이 보일 수 있는 각도로 움직여주거나 피처를 살짝 내려준다. 우유성분의 특성상 문제와 혼합시간이 길어져 고운 거품을 얻기 위해서는, 이때 공기 주입은 35℃ 이하가 되기 전(미지근할 정도)까지만 짧게 해준다. 공기 주입의 양에 따라 피처 안의 우유 수위와 스팀 밀크의 용도가 정해지는데, 원하는 거품의 양에 따라 이 과정의 시간을 짧게 혹은 길게 한다.

5_ 혼합

공기 주입에서 생긴 거품을 고루 혼합해주는 과정으로, 더 이상의 공기 주입이 없도록 노즐 팁은 우유 속으로 깊게 넣어주고, 피처 안의 폼 밀크와 핫 밀크가 고루 혼합될 수 있도록 한다. 이때 거친 혼합 소리가 들리지 않고 조용한 소리로 혼합되어지고 우유 표면 위에 큰 거품이 없어야 한다. 이 과정에서 거품의 질을 확인할 수 있다.

6_ 스팀 밸브 잠근 후 잔여거품 없애기

65℃의 온도가 되면 노즐을 담근 상태에서 밸브를 조용히 한 번에 잠그고 우유에서 노즐을 뺀다. 혼합 과정 후에도 약간의 우유 표면에 거품이 있을 경우, 피처의 바닥을 작업대 위에서 두세 번 탁탁 가볍게 내리치고 크게 한두 번 회전시킨다.

7_ 청소하기

스팀 과정이 끝나면 바로 스팀완드와 노즐을 중점으로 청소한다. 젖은 행주로 스팀완드와 노즐에 묻은 우유를 1차적으로 깨끗이 닦고 난 후 행주로 노즐을 감싸고, 이때 스팀 밸브를 열어 스팀완드에 남아있는 우유를 제거해 준다(노즐에 홈이 있을 경우 더욱 위생상 주의를 기울이며 항상 노즐 립까지 청결할 수 있도록 주의한다).

머신 관리 및 청소 요령

바리스타에게 있어서 장비관리는 에스프레소의 추출과 함께 매우 중요하며, 장비의 구조 이해를 바탕으로 관리사항을 숙지하고 사용 후 항상 청결함을 유지할 수 있어야 원하는 커피맛을 추출할 수 있다.

포터필터

에스프레소 추출 후 필터 안의 쿠키를 노크 박스Knok Box에 떨어내는 과정 후 마른 행주로 구석구석 깨끗이 닦는다. 하지만 추출이 많아지면 필터와 포터필터의 내부 및 추출구가 추출액으로 인해 커피오일이 축적되고, 또한 커피가루가 커피추출액에 섞이게 되어 껄끄러운 느낌이 나며 커피맛의 변질을 가져오게 된다, 수시로 포터필터의 장착된 필터를 분리하여 포터필터의 내부와 필터를 세제를 이용하여 부드러운 수세미로 닦고 물로 깨끗이 청소한 후 사용한다.

※마감 혹은 정기적으로 주 1회 정도 머신청소용 약품을 노크박스에 뜨거운 물과 함께 풀어 포터필터와 필터를 일정 시간동안 담가둔다.

그룹헤드

수시로 하는 청소로 포터필터를 그룹에서 뺄 때 연속추출 버튼을 2~3초간 눌러 그룹필터에 묻은 커피 찌꺼기나 오일을 흘려보내기를 한다. 추출이 많아지면 샤워헤드의 커피 찌꺼기는 물 흘려보내기만으론 제거되지 않으므로, 전용 솔로 샤워헤드를 닦고 난 후 추출 버튼을 눌러 물을 흘려보낸다.

마감청소(매일 약품청소)

- 포터필터에 블라인드필터를 장착한 후 청소용 약품을 1스푼 담는다.
- 그룹에 장착 후 연속추출 버튼을 누르고 5초 경과 후 작동을 멈춘다(이때 물은 빠져나오지 못하고 그룹 위로 올라가 그룹헤드 내부를 세척하게 된다. 이 동작을 5회 정도 반복한다).
- 위 동작을 멈추고 그룹에서 분리한 포터필터에 담겨진 약품은 버리고 샤워헤드를 청소용 전용 솔로 구석구석 닦은 후 포터필터를 다시 그룹에 결합하는데, 이때 헐겁게 반쯤 결합한다. 이 상태에서 연속추출 버튼을 누리고 좌·우 3~4회 돌려주는 동작을 하고 나서 필터에 담겨진 물을 버린다. 이는 그룹에서 커피 찌꺼기를 제거하는 역할을 하므로, 깨끗한 물이 나올 때까지 반복 확인 작업을 하며 청소해주도록 한다(포터필터 재결합 시에는 버튼을 종료한 후 재결합해야 안전하다).
- 깨끗한 물이 나오면 종료 후 깨끗한 행주로 그룹 내부의 가장자리를 닦아준다.

※주기적인 그룹필터와 샤워헤드 청소 : 하루 마감 시마다 정기적으로 분리한 후 청소를 한다. 개스킷 장착형과 나사 장착형 그룹필터가 있는데, 필터와 샤워헤드를 분리한 후 솔과 행주로 빼낸 자리를 깨끗이 닦는다. 분리한 그룹필터와 샤워해드는 청소용 약품을 뜨거운 물에 희석한 후 이 물에 일정시간 동안 담가 커피 찌꺼기를 녹인 후 건조 후 다시 장착하면 된다(약품청소 후 다음날 처음 추출한 음료는 먹지 않도록 주의한다).

※스팀완드 : 스팀 밀크를 만든 직후 바로 깨끗한 전용 스팀행주를 이용하여 닦고 스팀밸브를 열어 우유 찌꺼기를 배출한다. 마감 청소할 경우 스팀 피처에 찬물을 80% 받고 찬물을 스티밍 하기를 수차례 반복하여 스팀완드 속의 잔여물 제거를 해준다. 이 과정이 끝난 후 노즐을 분리하여 세제에 담가놓는다.

※그릴, 물받이 : 마감청소 시 분리하여 세제를 이용해 깨끗이 닦아 건조한 후 다시 장착한다. 날카로운 가장자리가 있으므로 장갑을 사용하여 주의하여 청소한다.

CHAPTER 06

커피 생두에서 원두가 되기까지

커피란?

커피는 커피나무에 열리는 커피열매Coffee Cherry의 씨 부분이다. 이 씨를 우리는 원두Coffee Bean라 부르며, 원두는 다시 생두Green Bean와 볶은 원두Roasted Bean로 구분한다. 다시 말해 이 두 가지를 통틀어 '커피원두'라 한다.

커피는 쓴맛, 떫은 맛, 신맛, 구수한 맛 등이 조화되어 미묘한 쾌감을 주는 기호음료로서 카페인, 탄닌, 지방, 광물질, 액기스, 환원당, 캐러멜당, 헤이셀룰로우스, 섬유, 조단백질, 회분, 크로로제닌산, 키닌산, 수산, 사과산, 구연산, 주석산, 휘발산, 크리코날린, 페놀성물질, 탄산가스, 향기성분 등으로 구성되어 있다.

그 중 카페인은 식도에서의 염산분비 및 장의 활동을 자극하여 주므로 피로감을 없애주고, 머리를 맑게 하며 혈액순환이 잘되도록 해준다. 이처럼 커피는 성분과 특유의 맛, 향을 지니고 있는 관계로 대중들에게 널리 애용되어 식사의 최종 순서로 내게 되는 것이 관례적이다.

커피의 성분

커피의 성분 분석표

성 분	생 두	원두(배전두)	인스턴트
카페인	1.5%	1.3%	3.3%
광물질	4.0%	5.0%	
지방	11%	13%	
단백질	13%	14.2%	
당분	8.0%	1.5%	
수분	11.5%	2.5%	
탄닌	6.0%	4.0%	
섬유질	28.0%	29.0%	
엑기스	17.0%	29.5%	
계	100%	100%	

카페인

커피에 들어 있는 카페인Caffeine은 냄새가 없고 쓴맛을 내는 흰 분말로, 물에 잘 녹는다. 카페인은 신체에 활기를 불어넣는 자극제이며, 약간의 이뇨작용을 하고 지방을 분해하는 등의 각종 대사작용을 활발하게 해준다. 천식에도 효과가 있는데, 카페인의 자극이 기관의 점액성 분비물을 마르게 하고 혈관을 수축시키기 때문이다. 카페인은 화학적으로 차 잎에 들어 있는 데로필린Theophylline과 유사한데, 이 약은 기침을 치료하는데 쓰인다. 또한 카페인은 고통스러운 편두통을 해결하는데 도움을 준다.

당

캐러멜화 반응으로 생긴 수용성의 갈색 물질로, 쓴맛을 내고 반응하지 않은 당은 단맛을 낸다.

단백질, 탄수화물, 지방, 유기산

볶는 동안 높은 열을 받아 커피의 향과 맛을 내는 알코올, 알데히드, 캐론, 에스테로, 카페올 등 각종 휘발성물질로 변한다.

나이아신

비타민 B에 복합체의 한 종류로, 니코틴산과 니코틴아미드 및 니코틴아미드의 생물학적 활성을 나타내는 유도체를 총칭한다. 쌀의 10배, 콩의 5배가 더 많다. 부족하면 구강염이나 위염이 생기기 쉬우며 심하면 무산증이 되기도 한다.

칼 륨

수용성으로, 부족하면 권태감 및 근육이 약해져 활동력이 무디게 된다.

클로로젠산

구운 고기 섭취 시 위암을 발생시키는 성분인 HAC의 억제효과가 있다.

알칼리성

원두커피는 알칼리성으로 추출 직후부터 산화되기 시작하여 30분이 경과하면 완전 산화되므로 건강에 해롭다.

커피의 종류(종자별 분류)

커피는 크게 분류해서 3종류이지만, 각 나라에서 교배종이나 잡종이 만들어지고 있다. 아리비카종, 로부스타종, 리베리카종이 그 주된 것이지만, 아라비카종이 전세계 산출량의 70%까지 점하고 있다. 남은 30%의 대부분은 로부스타종이고, 리베리카종은 아주 조금밖에 생산되지 않는다.

아라비카종

에티오피아의 고원지대가 원산지이며, 홍해 연안 지방이나 인도, 동남아시아, 중남미 등에서 광범위하게 재배되고 있고 그 품질도 우수하다. 대표 품종으로 Typica, Bourbon 등이 있다.

로부스타종

아프리카 대륙의 콩고 지방이 원산지이며, 동부의 인도양이나 인도네시아(자바)에서 재배되고 있다. 자바의 로부스타는 품질도 좋고 카페인 성분이 많아 최우수품으로 인정받기도 하였다. 아이보리코스트, 우간다, 앙골라 및 인도네시아 등의 품종이 있다. 인스턴트나 블렌딩 커피로 사용된다.

리베리카종

아프리카 대륙 남서해안의 라이베리아Liberia 지방이 원산지인데, 알맹이가 작고 풍미 또한 부족하여 별로 재배하지를 않는다. 주로 자국 내 소비용이다.

커피의 재배, 수확 후 가공과정

커피재배

커피의 성장은 파치먼트Parchment라 불리는 씨앗을 심은 후 40~60일이 지나면 싹이 트고, 9~18개월이 지나면 50~70cm 정도로 성장하며, 3~4년이 지나면 커피를 수확할 수 있을 정도로 성숙된다. 형태학적으로 커피나무는 기후나 토양 등 성장조건에 의존하여 자라며 보통 아라비카의 경우 2~4미터로, 부타의 경우 4~6미터 정도로 성장한다.

생두의 분류

생두의 크기에 따른 분류

일정한 크기의 구멍이 뚫린 판Screen 위에 생두를 올려놓고 흔들어, 작은 생두는 구멍을 통해 밑으로 빠지고, 큰 생두는 위로 남도록 하는 방법이다. 같은 조건이라면 대체로 생두의 크기가 큰 것이 좋은 품질로 평가된다.

• 생두 크기의 기준이 되는 것: 생두의 '폭'

1Screen = 1/64Inch(약 0.4㎜)

※1Inch = 25.4㎜

(예) 17Screen = 17/64Inch(약 6.8㎜)

생두의 밀도에 따른 분류

경작지의 고도가 높을수록 열매가 천천히 성장하여 밀도가 높아진다. 밀도가 높다는 것은 같은 무게일 때 부피가 적다는 것을 말한다. 밀도가 높을수록 커피의 맛과 향이 풍부한 것이다.

• 생두의 밀도 분류작업

- 습식 가공법에서 발효과정 중에 계단식 발효탱크를 이용하는 무거운 생두는 위쪽 탱크에, 가벼운 생두는 아래쪽 탱크까지 흘러가 각 발효탱크에서 발효되게 한다.
- 생두 크기별 분류가 끝난 뒤 밀도 분류기계로 분류하는 것을 말한다. 기계의 약간 경사진 테이블 위에 생두를 올려놓고 그 테이블을 좌 · 우로 흔들면, 가벼운 생두는 아래쪽으로 흘러 내려간다.

함수율에 따른 분류

함수율은 품종이나 경작고도보다 생두의 건조상태와 관계가 깊다. 보관상태에 따라 수시로 변화된다. 생두는 일반적으로 9~13% 정도의 함수율을 가지고 있다.

수확방법

기계를 이용한 수확방법	- 브라질 같은 큰 경작지에 사용나무를 따라 기계가 이동하며 열매가 떨어질 만큼 가지를 흔든다. - 95% 정도 이 방법을 이용하여 수확한다. - 단점 : 잘 익은 열매와 익지 않은 열대의 구분이 어렵다.
The Stripping Method	- 수확은 사람 손이나 기계에 이루어진다. - 가지에 있는 모든 것을 따내고, 분리작업은 나중에 이루어진다. - 이 작업은 핸드 피킹 방법보다 빠르고 비용이 저렴하며 품질이 낮은 아라비카와 로부스타에 사용된다.
Hand Picking Method	- 이 방법은 사람이 직접 일일이 구분하여 수확하는 방법으로, 잘 익은 열대만을 선별할 수 있다. - 비용이 많이 들어가나 완벽한 제품만을 수확할 수 있고, 열매가 완전히 익었을 때 따낸다.

가공방법

가공방법별 모습

건조식(Unwashed)
브라질, 인도네시아,
에티오피아

수세식(Washed)
콜롬비아, 페루, 멕시코,
과테말라, 자메이카, 쿠바,
탄자니아 등

피 베리

일반적으로 한 대의 열매에는 두 개의 씨가 들어 있는데, 간혹 한 개의 씨만 들어 있는 경우가 있다. 두 개의 씨가 들어 있는 경우는 가운데가 반씩 나누어져 있기 때문에 마주보는 한 면이 반듯하게 깎여 있지만(Flat Bean), 한 개의 씨가 들어 있는 경우에는 깎인 면이 없어 배가 볼록한, 둥그런 모양이 된다. 이런 한 개짜리 원두는 완두콩이나 진주 모양과 비슷하다고 해서 피 베리 또는 펄 베리(Pea Berry)라고도 한다. 흔히 피 베리는 원두 두 개가 가진 좋은 성분을 하나가 가지고 있어 더 좋은 맛의 원두로 평가되어 있다.

CHAPTER 07

카페 메뉴

Caffe Espresso Romano 에스프레소 로마노

Ingredient

에스프레소 추출액 30㎖
레몬껍질 1~2조각

Recipe

1_ 포터필터에 분쇄커피를 7~8g 담는다.
2_ 그룹헤드에 포터필터를 장착한다.
3_ 25~30㎖ 데미타세 잔에 추출한다.
4_ 레몬껍질을 장식한다.

Iced Caffé Americano 아이스커피 아메리카노

Ingredient

물 160㎖

에스프레소 30㎖ 투샷

큐브아이스 8개

Recipe

1_ 에스프레소 투샷을 추출한다.

2_ 큐브아이스를 잔에 얼음을 넣는다.

3_ 정수된 물을 넣고 추출한 에스프레소를 넣는다.

4_ 설탕 시럽을 따로 제공한다.

Caffé Latte 카페 라떼

Ingredient

에스프레소 30㎖

스팀 밀크 170㎖

Recipe

1_ 잔에 에스프레소를 30㎖ 담는다.

2_ 스팀 밀크 170㎖를 넣으면서 모양을 그린다.

Caffé Cappuccino 카페 카푸치노

Ingredient

에스프레소 30㎖

우유 50㎖

Recipe

1_ 포터필터에 분쇄커피를 7~8g 담는다.

2_ 그룹헤드에 포터필터를 장착한다.

3_ 25~30㎖ 데미타세 잔에 추출한다.

4_ 스팀 밀크를 부으면서 모양을 낸다.

Espresso Con Panna 에스프레소 꼰 빠냐

Coffee Variation Menu

Ingredient

에스프레소 1oz

휘핑크림 10㎖

Recipe

1_ 포터필터에 분쇄커피를 7~8g 담는다.

2_ 그룹헤드에 포터필터를 장착한다.

3_ 에스프레소 1oz를 추출한다.

4_ 휘핑크림을 올린다.

Caramel Macchiato 캐러멜 마끼아또

Ingredient

스팀우유 300㎖
에스프레소 1oz
캐러멜소스 1펌프(30㎖)

Recipe

1_ 잔 데우기 한다.
2_ 에스프레소를 1oz 추출한다.
3_ 잔에 초코소스를 1펌프하고, 에스프레소를 넣는다.
4_ 캐러멜소스가 잘 녹도록 저어준다.
5_ 따듯한 우유를 넣는다.
6_ 거품을 위에 얹고, 캐러멜소스로 모양을 낸다.

Irish Coffee 아이리쉬 커피

Ingredient

설탕 10g(또는 카페 시럽 10㎖)
뜨거운 물 100㎖
에스프레소 1샷
위스키 1oz
휘핑크림 적당량

Recipe

1_ 에스프레소를 1oz 추출한다.
2_ 칵테일잔 테두리에 레몬즙을 묻힌다.
3_ 잔에 뜨거운 물 150㎖와 에스프레소를 붓는다.
4_ 아이리쉬 위스키 15㎖와 설탕을 넣고 저어준다.
5_ 휘핑크림으로 장식한다.

Caffé Mocha 카페 모카

Ingredient

에스프레소 1oz
초코파우더 30g
스팀우유 180㎖
밀크폼 & 휘핑크림 1cm 이상(소스)

Recipe

1_ 신선한 원두를 갈아 에스프레소를 1oz 추출한다.
2_ 초코파우더 30g을 에스프레소에 넣는다.
3_ 우유를 스티밍하여 고운거품을 낸다.
4_ 휘핑크림을 올리고 초코 시럽으로 장식한다.

Caffé Vanilla Latte 카페바닐라 라떼

Café Latte 응용 메뉴

Ingredient

에스프레소 1oz

스팀우유 180㎖

바닐라 시럽 20㎖

Recipe

1_ 에스프레소 1oz를 추출한다.

2_ 바닐라 시럽 20㎖를 넣는다.

3_ 우유를 스티밍하고 부드러운 거품을 만든다.

4_ 스팀우유에 밀크폼을 얇게 얹는다.

Caffé Hazelnut Latte 카페 헤이즐넛 라떼

Ingredient

에스프레소 1샷
헤이즐넛 시럽 20㎖
스팀우유 180㎖
밀크폼 1cm

Recipe

1_ 에스프레소 1oz를 추출한다.
2_ 헤이즐넛 시럽 20㎖를 넣어준다.
3_ 우유를 스티밍하고 부드러운 거품을 만든다.
4_ 스팀우유에 밀크폼을 얇게 얹는다.

Affogato 아포가토

Ingredient

에스프레소 1샷
아이스크림 2스쿱
아몬드 슬라이스 5~6조각

Recipe

1_ 잔에 달콤한 아이스크림 2스쿱을 담는다.
2_ 에스프레소 1샷을 추출하여 아이스크림 위에 부어준다.
3_ 시럽을 드리즐하고 아몬드를 토핑해 낸다.

Greentea Latte 그린티 라떼

Non-Coffee Menu

Ingredient

그린믹스 파우더 20g

우유 180㎖

Recipe

1_ 그린믹스 파우더를 잔에 넣고 뜨거운 물 30cc를 넣어 저어준다.

2_ 우유를 붓는다.

Dark Cherry Smoothie 다크 체리 스무디

Smoothie Menu

Ingredient

체리 원액 40㎖
요거트 파우더 30g
우유 130㎖
큐브아이스 10개

Recipe

1_ 블랜더에 체리 원액 40㎖를 넣어준다.

2_ 우유 130㎖를 부어준다.

3_ 요거드 파우더 30g을 넣어준다.

4_ 큐브아이스 10개를 넣어준 후, 블랜더를 이용해 블랜딩 해준다.

Pine Peach Smoothie 파인 피치 스무디

Ingredient

백도 원액 50cc
냉동 파인애플 5조각
물 130㎖
큐브아이스 10개

Recipe

1_ 백도 원액 50cc 눌러 블랜더에 넣는다.

2_ 파인애플과 5조각을 넣는다.

3_ 물 130㎖을 부어준다.

4_ 큐브아이스 10개를 넣는다.

5_ 백도 원액, 파인애플, 물, 큐브아이스가 잘 섞이도록 25~30초간 블랜딩 해준다.

Cheonhyehyang Smoothie 후루티 천혜향 스무디

Ingredient

천혜향 원액 45cc
물 130㎖
큐브아이스 10개
천혜향 1조각
체리 1개

Recipe

1_ 블랜더에 천혜향 원액 45cc, 물을 130㎖을 넣는다.

2_ 큐브아이스 10개를 넣는다.

3_ 잘 섞이도록 블랜더를 이용해 블랜딩 해준다.

4_ 천혜향 한조각과 체리로 장식을 해준다.

Sweet Red Beans Smoothie 팥알이 통통 단팥 스무디

Ingredient

단팥 90g
우유 130㎖
연유 20㎖
큐브아이스 10개

Recipe

1_ 블랜더에 우유와 연유를 넣는다.
2_ 큐브아이스 10개를 넣는다.
3_ 우유, 연유, 얼음이 잘 섞이도록 블랜더를 이용해 블랜딩 해준다.
4_ 잔에 담고 단팥과 오곡 파우더를 고슬고슬 뿌려준다.

Mojito Ade 모히토 에이드

Ingredient

모히토 시럽 30㎖
탄산수 150㎖
얼음 6개
민트잎 4~5장

※라임을 넣어주면 새콤한 맛이 가미해서 더 좋아진다.

Recipe

1_ 잔에 민트잎 3장을 넣어주고 으깬다.
2_ 민트 시럽을 넣어준다.
3_ 얼음을 넣어준다.
4_ 나머지를 탄산수로 채워 넣어준다.
5_ 민트잎 2장으로 가니쉬를 해준다.

Rose Ade 로즈 에이드

Ingredient

로즈 시럽 30㎖
얼음 6개
탄산수 150㎖
장미잎 2~3장 가니쉬

Recipe

1_ 잔에 로스 시럽을 넣어준다.
2_ 얼음을 넣어준다.
3_ 나머지를 탄산수로 채워 넣어준다.
4_ 로즈잎 2~3장으로 가니쉬를 해준다.

커피와 어울리는 각 나라의 디저트

프랑스 : 마카롱과 크렘블레

프랑스를 대표하는 디저트로 꼽히는 마카롱은 원래 프랑스 낭시 지방에서 수녀들이 즐겨 먹었던 과자였다.

하지만 마카롱의 본고장은 이탈리아라고 한다. 이미 13세기경 이탈리아 베니스에서는 마카롱을 만들어 먹기 시작했고, 베네치아에서는 작고 둥근 아몬드과자를 '마카로네'라고 불렀는데, 이러한 이름은 섬세한 반죽을 의미하는 이탈리아어 '마케로네'에서 유래했다고 한다. 그리고 16세기에 마케로네가 프랑스로 건너가면서 '마카롱'이란 이름으로 프랑스 왕실의 귀족들과 상류층으로부터 놀라운 맛과 큰 인기로 유명해지기 시작했다.

기본적으로 설탕, 아몬드, 달걀흰자를 재료로 만드는 마카롱은 과거 유입 초기에는 달콤하게 구워낸 둥그런 머랭과자에 불과했으나, 20세기 프랑스의 유명한 상점 라뒤레에서 마카롱의 상품화를 시작하여 발전시켜 지금과 같은 형형색색의 바삭한 형태로 발전하게 되었다.

'크렘블레' 또한 프랑스의 대표적인 디저트로, 지중해 요리를 말할 때 빠지지 않는 메뉴 중 하나이다. 부드러운 푸딩 윗면에 달콤한 캐러멜을 입혀 만드는데, 그 맛은 처음 먹어본 사람이라면 깜짝 놀랄 만큼 달콤하다고 한다. 오늘날에는 동·서양 여러 나라에서 다양한 방법으로 개성 있는 크렘블레를 만들어 먹는 만큼 관련된 레시피도 여러 가지 맛으로 무궁무진하다.

Coffee

이탈리아 : 티라미수

이탈리아에서는 식사 후에 치즈 한 조각을 먹고, 달콤한 케이크나 과일 디저트를 먹은 후 커피나 가벼운 술로 식사를 마무리한다. 이때 즐겨먹는 디저트는 산뜻한 맛의 아이스크림이나 달콤한 티라미수, 진한 에스프레소 커피 등이 있다.

이러한 이탈리아의 대표 디저트 티라미수는 '끌어올리다'라는 뜻의 '티라레'와 '나를'이라는 뜻의 '미', 그리고 '위로'라는 의미를 가진 '수'가 더해진 이탈리아어로, '기분 좋아진다'라는 뜻을 가지고 있다. 이러한 이름은 18세기 이탈리아 베네치아에서 붙여졌는데, 부족한 영양분을 보충시킬 수 있는 고열량의 디저트라는 것과, 커피(카페인)로 인한 흥분작용으로 기분이 좋아진다는 점 때문에 '티라미수(기분이 좋아진다)'라고 부르게 되었다.

'티라미수'는 1980년대에 들어 미국과 유럽의 다른 나라들로 유행하기 시작했으며, 오늘날에는 세계적으로 커피와 곁들여 사랑받는 대표 디저트 케이크가 되었다.

영국 : 푸딩

영국에서는 따로 디저트라는 말을 쓰기보다는 '푸딩'이라고 부르는 경우가 많다. 푸딩은 영국에서 처음 먹기 시작한 영국 대표적 디저트이다. 과거 긴 항해가 많았던 영국인들은 식사를 하고 남은 빵 부스러기, 밀가루, 달걀, 우유 등을 한데 섞어 쪄먹곤 했는데, 이것이 푸딩의 시초가 되었다.

스페인 : 츄러스

'츄러스'는 곡물반죽을 길쭉한 막대 모양으로 만들어 기름에 튀겨 설탕과 계핏가루를 골고루 발라낸 스페인 전통과자로, 아침식사용이나 디저트로 즐겨 먹는다. 우리나라에서는 놀이동산에 가야 만나볼 수 있었던 츄러스가, 요즘은 세련된 형태로 변신하여 달콤하고 향긋한 맛에 쫄깃한 식감을 강점으로 하여 인기를 얻고 있다.

TSP
737

: 대화의 선율 :

APPENDIX

자격시험 심사 매뉴얼

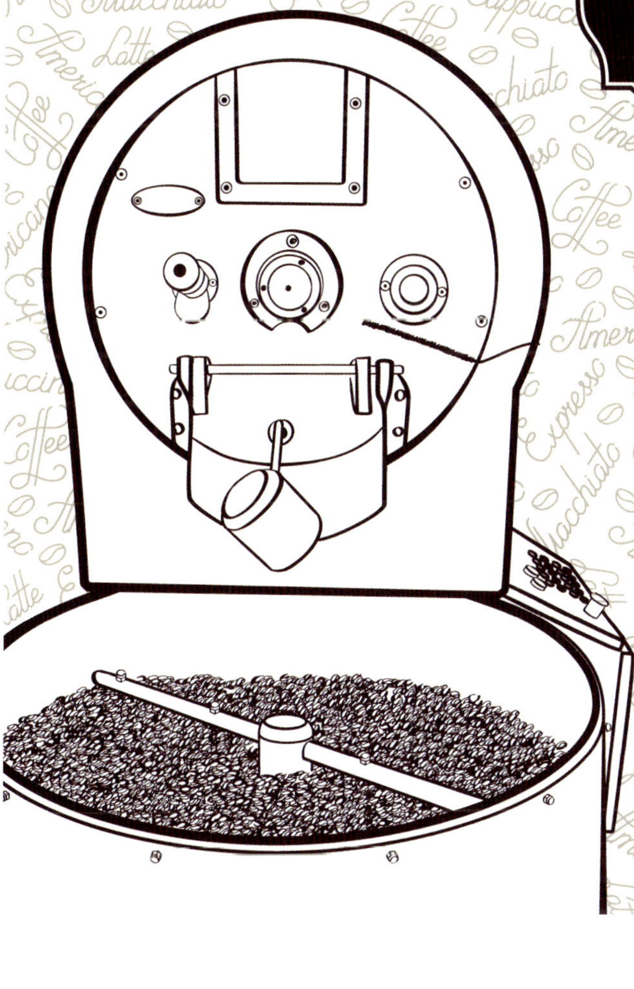

카페 바리스타 1, 2급

자격시험 구분

〈카페 바리스타 2급〉
전형 : 필기 및 실기(필기합격 후 실기 평가)
일정 : 연 4회 이상
장소 : 지정시험장
※15명 이상 상시시험가능

〈카페 바리스타 1급〉
전형 : 실기(카페 바리스타 2급 합격자)
일정 : 매월 1회
장소 : 전국지정캠퍼스

심사위원 구성

〈카페 바리스타 2급〉
감독 : 검정위원
기술병가 심사위원 : 1명
맛평가 심사위원 : 2명

〈카페 바리스타 1급〉
감독 : 검정위원
기술평가 심사위원 : 1명
맛평가 심사위원 : 2명

응시시간

〈카페 바리스타 2급〉
– 준비시간 : 5분
– 시연시간 : 10분
– 정리시간 : 5분

〈카페 바리스타 1급〉
– 준비시간 : 10분
– 시연시간 : 10분
– 정리시간 : 10분

실기시험 평가점수 범위

- 받아들일 수 없음 또는 공란 : 0점
- 매우 미흡함 : 1점
- 조금 미흡함 : 2점
- 평균 : 3점(2급 기준점수)
- 우수함 : 4점(1급 기준점수)
- 매우 우수함 : 5점

실기시험 점수 집계

- 전체 채점표에서 옮겨진 점수 합계
- 기술 평가점수+맛 평가점수(-초과시간) = 응시자의 총점수

※실기시험 합격기준 점수

 – 카페 바리스타 2급 180점(최고 300점)

 – 카페 바리스타 1급 240점(최고 300점)

※시트지 연필사용 금지

실기시험 평가항목 : 기술평가

PART 1_ 조리준비 평가(2급 5분/1급 10분)

조리 시 조리공간의 배치와 정렬(조리대/기계/부지재)

- 조리 가능한 상태로 정리정돈 상태(조리공간 확보) : 물잔 및 기물의 청결상태
- 기계 및 그라인더의 청결상태(준비가 끝나면 그라인더는 비어있어야 함)
- 조리대의 물기 및 청결상태
- 각종 행주의 청결상태 점검

조리 시 조리를 위한 준비 상태(예열/행주/재료)

- 잔의 예열 및 물기제거 상태
- 행주의 준비(스팀노즐용, 포터필터용, 잔 바닥/기계용 행주, 잔에 물기제거용, 예비용 등)
- 물과 우유 및 기타 재료준비 상태

분쇄입자 조절 능력(추출횟수/입자의 적절성)

- 그라인더 입자 조절능력(횟수 제한 없음)
- 제한시간 안에 완료(초과 시 작업중지 명령)

PART 2_ 에스프레소 커피 평가(에스프레소 커피의 기술적 숙련도)

담기 전 포터필터의 건조/청결(필터 바스켓/스파우트)

- 담기 전 필터의 물기 제거 및 청결 : 스파우트의 물기 제거
- 스파우트의 청결유지 상태

분쇄/담기 동작 시 흘림/낭비의 정도

- 포터 필터에 담기를 할 때 흘리는지 점검
- 포터 필터에 담기를 할 때 낭비 정도를 점검

적절하고 일관된 담기와 다지기

- 담기를 할 때 그라인더 다루는 기술
- 다지기를 할 때 수평 확인
- 다지기를 할 때 흘림과 청결 확인

삽입 전 그룹헤드 및 포터 필터의 청결상태

- 그룹 헤드의 점검(기계에 삽입 전이나 커피 담기 전에 이루어지는지?)
- 다지기가 끝나고 기계에 삽입 전에 포터 필터를 청소하는지 확인

신속한 추출 과정(분쇄/담기/다지기/삽입/추출)

- 분쇄/담기/다지기/삽입/추출이 신속히 이루어지는지 확인
- 분쇄/담기/다지기/삽입/추출 시 불필요한 동작이 없는지 확인(허구적인 동작)
- 기계에 삽입 시 충격여부 확인
- 기계에 삽입 후 다른 동작 없이 바로 추출이 이루어지는지 확인

적절하고 일관된 추출(추출 속도/추출시간/추출량)

- 추출시간은 20~30초 안에 추출(추출량은 25~35㎖ 추출)
- 처음 2잔과 다음 2잔의 추출시간의 차이가 3초를 넘으면 안 됨(초과 시 초당 1점)

PART 3_ 카푸치노 커피 평가(우유 거품내기의 기술적 숙련도)

거품내기 전 피처의 청결과 우유 준비

- 우유거품 내기 전 스팀 피처의 물기 및 청결상태 점검
- 우유거품 내기 전 우유준비 점검

거품내기 전/후 스팀노즐 사용 및 청결

- 거품내기 전에 스팀노즐의 관리상태 점검
- 거품내기 후의 스팀노즐 관리상태 점검(연속적인 동작은 한 동작으로 인정)

거품내기의 적절성과 기술적 숙련도

- 거품내기의 숙련도 점검
- 거품내기 시 우유의 흘림 확인
- 거품 만들고 나서 우유를 다루는 기술적인 숙련도
- 우유 따르기에 대한 숙련도 확인

거품 낸 후 남은 우유의 양과 피처의 청결

- 사용한 모든 피처의 청결상태 확인
- 남은 우유의 양은 모두 합해서 50mℓ 이하가 되어야 함

PART 4_ 응시자의 기술 평가(기술적 숙련도)

커피기계/그라인더 이해도(정확한 작동과 조정)

- 커피기계와 그라인더를 다루는 안정된 동작
- 커피기계와 그라인더의 작동, 조정, 관리에 대한 이해도

커피추출 과정의 이해도(분쇄/담기/다지기/추출)

- 모든 동작의 정확성과 부드럽게 연결되는 동작
- 전체 추출 과정의 연관성과 이해도

전체 작업의 흐름(효율성/신속성/정확성/자연스러움)

- 기술적인 모든 동작 점검
- 효율성(예를 들어, 티스푼과 잔받침을 준비하고 커피를 추출)
- 급한 것이 아닌 빠른 동작으로 이루어지는지 확인
- 모든 동작의 정확성 확인
- 부드럽게 모든 동작이 이루어지는지 확인

PART 5_ 응시자의 기술 평가(기술적 숙련도)

커피기계/그라인더 이해도(정확한 작동과 조정)

- 커피기계와 그라인더를 다루는 안정된 동작
- 커피기계와 그라인더의 작동, 조정, 관리에 대한 이해도

커피추출 과정의 이해도(분쇄/담기/다지기/추출)

- 모든 동작의 정확성과 부드럽게 연결되는 동작
- 전체 추출 과정의 연관성과 이해도

전체적인 활용과 위생관리(기계/조리대/도구/재료)

- 조리시간 내내 기계와 조리대의 위생적인 관리(수시로 청소)
- 도구와 재료 등의 활용법과 위생적인 관리

행주의 적절하고 올바른 사용/관리

- 사용 용도별로 적절한 준비(바닥, 기계청소용 행주, 스팀노즐용 행주, 포터필터용 행주 등)
- 사용 용도에 맞는 올바른 사용과 관리(바닥청소용과 스팀노즐청소용의 구별)
- 스팀노즐 행주의 보관상태 확인(깨끗한 곳에 보관)

PART 6_ 조리정리 평가(조리공간)

정리 시 조리공간의 정리와 청결

- 조리를 마친 후에 조리공간의 정리 점검

정리 시 기계/장비의 마무리

- 조리를 마친 후 기계와 그라인더의 정리상태 점검

PART 7_ 종합적인 인상 평가(심사위원의 종합적인 평가)

종합적인 인상 평가(응시자의 기술적 숙련도)

- 응시자의 기술적인 종합평가를 함
- 모든 항목이 만점이 아니면 종합평가는 만점이 나올 수 없음

실기시험 평가항목 – 맛 평가

PART 1_ 에스프레소 커피 평가(에스프레소 커피맛 평가)

크레마의 색(연한 색/짙은 갈색/붉은 기운)

- 크레마의 색을 통해 에스프레소 커피 추출의 컨트롤과 품질 판단(갈색이나 짙은

갈색으로 일률적이고 윤기 있음)

크레마의 밀도/응집력/지속성

- 크레마의 품질을 통해 에스프레소 커피의 품질 판단(크레마의 조밀하고 부드러운 농도와 밀도, 끈기와 응집력, 회복력과 지속성, 함유 정도 등)

맛의 균형(신맛/쓴맛/풍미의 조화로운 균형)

- 입 안 전체에서 느껴지는 맛들의 조화와 균형(에스프레소 커피의 신맛, 쓴맛 등과 풍미의 치우치지 않는 균형, 긍정적인 맛들이 잘 조화되어 마시기 편안한 느낌, 처음 · 중간 · 마지막에 느껴지는 맛의 전체적인 느낌 등)

촉감의 균형(풍부함, 조화로움, 부드러움)

- 입 안 전체에서 느껴지는 감촉의 균형(풍부하고 조화로운 풍미, 부드럽고 매끈한 느낌, 깔끔하고 좋은 여운 등)

음료의 신속한 제공과 시각적인 인상(청결, 잔과 조화)

- 추출 후 즉각적인 제공과 2잔 내지 4잔의 동시에 제공
- 잔에 담긴 모습이 청결하고 조화를 이룸

적절한 잔의 선정과 부자재(잔, 스푼, 물)의 활용

- 기준에 적합하고 맛의 유지에 유리한 잔의 온도
- 물의 제공과 잔과 스푼의 방향과 세팅

PART 2_ 카푸치노 커피 평가(카푸치노 커피맛 평가)

시각적으로 올바른 카푸치노 커피(색 조화, 먹음직스러움)

- 외관상 보여지는 시각적인 모습의 적절함(거품 2 : 커피 1의 조화)
- 조밀하고 균일한 거품, 커피와 거품의 색이 조화, 윤기가 돌고 먹음직스러움
- 전통적인 모양이나 카페 라떼아트 어느 것이든 상관없음
- 추가 재료 첨가할 수 없음

우유거품의 밀도/응집력/지속성

- 우유거품의 두께와 질, 지속성(충분한 두께의 거품, 조밀하고 윤기 있고 밀도가 좋음, 응집력과 지속성이 좋음)

맛의 균형(커피/우유의 조화로운 균형)

- 에스프레소 커피와 우유의 맛이 조화된 균형(에스프레소 커피의 맛이 뚜렷하게 존재해야 함, 우유의 단맛과 고소한 맛이 커피와 자연스럽게 어울려야 함)

촉감의 균형(커피/우유/거품의 균형과 적절한 온도)

- 커피와 우유, 거품의 조화된 감촉(마실 때 커피, 우유, 거품이 전체적으로 조화를 이루어 분리되지 않고 어우러짐, 적절한 온도로 제공됨)

음료의 신속한 제공과 시각적인 인상(청결, 잔과 조화)

- 완성 후 즉각적인 제공과 2잔 내지 4잔을 동시에 제공
- 잔에 담긴 모습이 청결하고 조화를 이룸

적절한 잔의 선정과 부자재(잔, 스푼, 물)의 활용

- 기준에 적합하고 맛의 유지에 유리한 잔의 온도
- 물의 제공과 잔과 스푼의 방향과 세팅

PART 3_ 응시자 평가(고객서비스기술)

커피와 직업에 대한 의식수준/열정/자신감

- 커피와 조리 커피음료에 대한 기본적인 소개와 설명
- 커피와 직업에 대한 열정과 자부심
- 발표와 표현을 통한 응시자의 의식수준과 자신감

커피조리와 발표/표현의 일관성과 전문성

- 커피음료의 설명과 조리기술에서 정확성과 전문성이 있고 조리, 음료의 맛과 발표, 표현이 서로 일관성을 갖추어야 함

고객에 대한 서비스 자세(주의력/배려/공손함)

- 심사위원에 대한 배려와 공손함
- 세세한 부분에도 주의를 기울임

용모와 복장의 적절성(청결/위생적, 활동적)

- 일하기 편리하고 활동적이며 청결한 복장
- 액세서리, 향수 등의 방해요소를 피함

PART 4_ 종합적인 인상 평가(심사위원의 종합적인 인상 평가)

- 종합적인 인상 평가
- 응시자의 서비스기술, 커피음료의 맛, 표현력에 관한 전반적인 인상 평가

- 응시자의 맛 평가 부분의 전반적인 인상 평가
- 응시자가 전반적으로 보여주는 서비스기술, 커피음료의 맛, 표현력 등에 관한 총체적인 인상 평가

실기시험 평가항목 – 심사위원장 평가

PART 1_ 조리 준비와 조리정리 평가

- 전체 평가의견 기록

PART 2_ 에스프레소 커피 평가

기술 평가

- 추출시간의 편차 기록

맛 평가

- 맛의 균형(신맛/쓴맛/풍미의 조화로운 균형)
- 촉감의 균형(풍부함, 조화로움, 부드러움)

전체 평가의견 기록

PART 3_ 카푸치노 커피 평가

기술 평가

- 추출시간의 편차 기록

맛 평가

- 맛의 균형(커피/우유의 조화로운 균형)
- 촉감의 균형(풍부함, 조화로움, 부드러움)

전체 평가의견 기록

PART 4_ 응시자의 기술 및 서비스 평가

- 전체 평가의견 기록

PART 5_ 종합적인 인상 평가

- 전체 평가의견 기록

PART 6_ 기타 평가

- 10분 제한시간 안에 마침 : "예" 또는 "아니오"(조리시간)
- 만약, "아니오"일 경우 초과시간 기록(초당 1점, 최고 60점, 1분 초과 실격)
- 1차 추출과 2차 추출시간 오차 3초(3초 초과 시 초당 1점) 샷 추출 20초 미만 시 초당 1점, 30초 초과 시 초당 1점(1급 응시 시 조리시간, 정리시간 각 1문항씩 질의답변)

핸드드립 전문가

카페 핸드드립 전문가 자격증

- 전형 : 실기평가(카페 바리스타 2급 합격자 이상 자격 부여)
- 일정 : 연 4회 이상
- 장소 : 지정 시험장

※5명 이상 상시 시험 가능

심사위원 구성

- 감독 : 검정위원(담당교수, 캠퍼스장, 심사위원 자격증 취득자)
- 종합평가 위원 : 1명

실기시험 시간의 진행

- 준비시간(3분) : 시연의 준비와 시험에 사용할 원두 지정
- 시연시간(10분) : 총 8개의 원두 중 응시생이 선택한 원두로 시연

  ※추출도구 응시생 선택
- 정리시간(3분) : 작업대 및 주변정리

원두(8개 중 1개 지정)

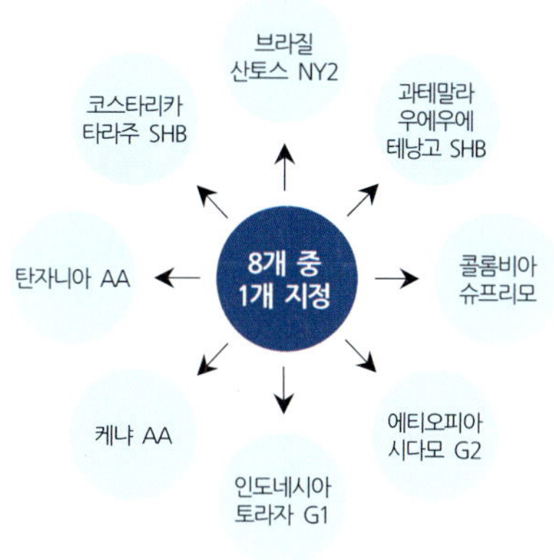

※각 시험장에 따라 원두 자율선택 가능함

브라질 산토스

향 Aroma	◆◆◆◆◆
산도 Acidity	◆◆◆◆◇
단맛 Sweetness	◆◆◆◇◇
쓴맛 Bitterness	◆◆◆◇◇
바디 Body	◆◆◆◆◇

지 역 중남미 브라질
등 급 NY2,NO.2
품 종 Catuai, Acaia, Mundo Novo
고 도 900~1,000m

프로세스 Natural/Sun Dried
프로파일 Good acidity, Nuances of Citrus, Nutty, Sweetness, Clean Cup, Good Balance

브라질은 커피가 가장 많이 생산되는 나라로, 세계 총생산량의 50%를 차지한다. 기후나 토질면에서 커피 재배에 가장 이상적인 조건을 갖추고 있다. 어떤 산지의 커피와도 잘 어울리며 깊은 향과 조화로운 맛이 일품이다. 브라질의 대표적 커피인 산토스는 브라질에서 생산하는 커피가 수출되는 항구 명칭에서 유래되었다. 특히 브라질 산토스 No.2는 거의 모든 브랜드의 베이스로 널리 쓰이고 있다. 부드러운 맛과 신맛이 균일하게 조화를 이루며, 부드러운 풍미와 적당히 쓴맛이 어우러진 중성적인 매력의 커피이다.

콜롬비아 슈프리모

향 Aroma	◆◆◆◆◆
산도 Acidity	◆◆◆◆◆
단맛 Sweetness	◆◆◆◇◇
쓴맛 Bitterness	◆◆◇◇◇
바디 Body	◆◆◆◇◇

지　　역 중남미 콜롬비아
등　　급 Supremo
품　　종 Caturra
고　　도 1,300~1,800m

프로세스 Washed/Sun Dried
프로파일 Red Fruit Aroma, Medium Body, Lemon Acidity

콜롬비아 안데스 산맥의 고산지대에서 재배되는 세계적으로 유명한 마일드 커피의 대명사이다. 수프리모는 스크린 사이즈 17 이상인 콜롬비아 스페셜티 커피의 최고 등급을 뜻한다. 수확은 10월~2월과 4월~6월에 이루어지며 습식법으로 가공한다. 생두는 짙은 녹색을 띠며, 보통 시티와 풀 시티 로스팅 중간쯤으로 볶는다. 부드러운 신맛과 쓴맛, 진한 초콜릿향과 같은 단맛이 조화를 이룬다.

에티오피아 시다모 G2

향 Aroma	◆◆◆◆◇
산도 Acidity	◆◆◆◆◆
단맛 Sweetness	◆◆◆◇◇
쓴맛 Bitterness	◆◆◆◇◇
바디 Body	◆◆◆◆◇

지 역 아프리카 에티오피아
등 급 G2
품 종 Typica
고 도 1,600~1,900m

프로세스 Washed/Sun Dried
프로파일 Lemon Aroma, Very Berry Taste, Complex and Refreshing

에티오피아 남부 시다모 현안의 이르가체페 지역 고지대에서 재배하는 커피이다. 에티오피아 커피 중 가장 세련된 커피라 평가된다. 부드러우면서 짙은 꽃향기, 목넘김 이후에 남는 아련한 향, 부드러운 바디, 달콤한 신맛 등 이르가체페를 최고의 커피라 부르는 이유는 많다. 일반적으로 과실의 상쾌한 신맛과 초콜릿의 달콤함, 그리고 와인에 비유되는 향미와 깊은 맛을 가진 것으로 평가된다.

케냐 AA

향 Aroma	◆◆◆◆◇
산도 Acidity	◆◆◆◆◆
단맛 Sweetness	◆◆◆◇◇
쓴맛 Bitterness	◆◆◆◇◇
바디 Body	◆◆◆◆◇

지　역 아프리카 케냐
등　급 AA
품　종 SL28
고　도 1,700~2,000m

프로세스 Washed/Sun Dried
프로파일 A Complex Cup, With Layers of Fruit, Complex Sweetness, with Nice Body, Dark-chocolate

아프리카 킬리만자로 명산의 동쪽 케냐에서 재배되는 커피이다. 유럽인이 가장 선호하는 강렬한 향이 완벽한 조화를 이루며 무겁지 않으면서도 풍부한 맛이 최상급 원두임을 말해준다. 묵직한 바디감과 오묘한 과일향, 가볍지 않은 신맛이 특징이다. '우리가 커피에 대해 기대하는 거의 모든 것을 가지고 있다'라고 표현할 정도로 최고급 커피의 하나로 꼽는다. 해발 1,500~2,100미터에서 재배되고, 수확은 10~12월과 6~8월에 두 차례 이루어지며, 습식법으로 가공한다. 일반적으로 강하게 볶으면 감미로운 향과 과일의 단맛, 쌉싸래한 맛을 조화롭게 느낄 수 있다. 생두는 황색을 기본으로 밝은 초록색을 띤다.

탄자니아 AA

향 Aroma	◆◆◆◆◇
산도 Acidity	◆◆◆◆◆
단맛 Sweetness	◆◆◆◇◇
쓴맛 Bitterness	◆◆◆◇◇
바디 Body	◆◆◆◆◇

지 역 아프리카 탄자니아
등 급 AA
품 종 Arusha, Bourbon
고 도 1,100~1,200m

프로세스 Washed/Sun Dried
프로파일 Nutty, Caramelly, Good Body, Chocolate

탄자니아의 대표적인 커피로, 케냐의 국경 지대인 킬리만자로산과 메루산에서 생산되고 있다. 생두가 회색빛이 도는 녹색으로 쉽게 구분이 된다. 킬리만자로(Kilimanjaro)라는 이름으로 더욱 유명하다. 섬세한 맛과 향이 유럽인들을 사로잡아 생산량의 상당 부분이 영국 왕실로 들어가고 있다. 아프리카 커피답게 향이 깊고 맛이 진한데, 특히 신맛이 뛰어나며 신맛과 단맛의 밸런스가 좋다. 농도가 진하게 추출되는 편이라, 아이스커피로도 잘 어울리는 원두라 할 수 있다.

과테말라 우에우에 테낭고 SHB

향 Aroma	◆◆◆◇◇
산도 Acidity	◆◆◆◇◇
단맛 Sweetness	◆◆◆◇◇
쓴맛 Bitterness	◆◆◆◇◇
바디 Body	◆◆◆◆◇

지　역 중앙아메리카 과테말라
등　급 SHB
품　종 Cattura, Catuai
고　도 1,500~2,000m

프로세스 Washed/Sun Dried
프로파일 Good Body, Medium Intensity, Bright, Fuited, Balanced

이 지역은 화산지역이 아닌 곳으로는 중남미 지역에서 가장 높은 지역이며, 이 지역은 과테말라에서 가장 험준하고 높은 지역으로 바위와 가파른 지대에 커피가 재배되고 건조하고 뜨거운 바람이 멕시코에서 불어와 추위로부터 보호받을 수 있는 지역이다. 이 지역에서 커피는 약 해발 2,000미터에서 자라게 되는데, 고도가 높은 곳에서 자라게 되는 커피는 보다 좋은 맛과 향을 가지고 있다.

우에우에 테낭고 커피의 특징은 우수한 향과 입 안에 가득 차는 바디감이 일품이며, 고소한 맛과 단맛, 신맛이 조화를 이루는 커피로 마치 와인을 마실 때의 그것과 비슷한 느낌을 받을 수 있다.

코스타리카 타라주 SHB

향 Aroma	◆◆◆◆◇
산도 Acidity	◆◆◆◆◇
단맛 Sweetness	◆◆◇◇◇
쓴맛 Bitterness	◆◆◆◇◇
바디 Body	◆◆◇◇◇

대 륙 남아메리카 코스타리카
등 급 SHB
품 종 Cattura, Catuai
고 도 1,200~1,800m

프로세스 Washed/Sun Dried
프로파일 Balanced Flavor, Strong Body, High Acidity, Visual Characters

타라주(Tarrazu)는 가장 좋은 토양과 가장 높은 생산 고도를 가지고 있는 유명한 코스타리카의 후작 지역이다. 일반적으로 같은 나라, 지역에서 같은 품종의 커피를 생산한다 할지라도 해마다 똑같은 수준의 커피를 얻을 수 있다고 장담할 수는 없다. 왜냐하면 커피는 바람, 비, 태양 그리고 또한 부적합한 자연현상에 영향을 받기 때문이다. 그럼에도 불구하고 타라주 커피는 산뜻한 베리의 맛과, 사과 사이다 맛이 나는 밝고 깨끗한 커피(불순물이 섞이지 않은)를 자랑한다.

인도네시아 슬라웨이 토라자

향 Aroma	◆◆◆◆◇
산도 Acidity	◆◆◆◆◆
단맛 Sweetness	◆◆◆◇◇
쓴맛 Bitterness	◆◆◇◇◇
바디 Body	◆◆◆◆◇

지　　역 동남아시아 인도네시아
등　　급 G1
품　　종 Catimo
고　　도 900~1,800m

프로세스 Washed/Sun Dried
프로파일 Heavy Bodied, Intense Rich Flavor, Low Acidity, Deep Complex Aroma, Cherry, Chocolate

토라자는 '산에 사는 사람들'이라는 뜻으로 슬라웨시(Sulawesi)섬에 사는 사람들을 말한다. 생산지는 해발고도 1,800미터에 있는 중부 산악지대로 열대 고지의 화산성 토양과 풍부한 강수량, 강한 햇볕 등 뛰어난 자연 환경이 아라비카종 커피를 위한 최적의 조건을 갖추고 있어, 토라자 커피를 더욱 개성 있게 만들어준다. 1등급(Grade 1)의 품질 수준에 해당한다. 품위 있는 향이 돋보이면서 기분 좋은 신맛과 강렬한 감칠맛, 초콜릿 맛이 조화를 이루는 커피로 입 안에 오랫동안 여운이 남는다.

실기시험 평가

실기시험 평가점수 범위

- 기준점수 : 3점/항목 최고점수 5점
- 가감 : 0.5점(3점부터 시작해서 가감 0.5점씩)

실기시험 점수 집계

- 각 항목별 점수 합계(만점 100점)

※실기시험 합격기준 점수 : 카페 핸드드립 전문가 자격증 60점 이상(60%)

실기시험 평가항목 – 준비

PART 1_ 추출준비 평가

조리 시 조리공간의 배치와 정렬(조리대/기계/부자재)

- 조리 가능한 상태로 정리정돈(조리공간 확보)
- 집기류 청결상태 점검과 배치
- 그라인더의 작동과 청결상태 확인
- 조리대의 물기 및 청결상태

실기시험 평가항목 – 시연

PART 2_ 핸드드립 추출평가

- 핸드드립 커피를 추출하기 전 충분한 잔 예열
- 핸드드립 커피를 추출하기 전 충분한 서버 예열
- 88℃~92℃ 사이의 정수한 물의 사용
- 알맞은 추출시간
- 추출과정의 원활한 흐름

실기시험 평가항목 – 정리

PART 3_ 위생관리평가

전체적인 활용과 위생관리(기계/조리대/도구/재료)

- 조리시간 내내 기계와 조리대의 위생적인 관리
- 도구와 재료 등의 청결한 관리

제조 시 위생 준수

- 행주의 적절하고 올바른 사용 및 관리
- 식재료를 손으로 직접 다루지 않는 등의 위생 준수

실기시험 평가항목 – 서비스

PART 4_ 응시자 평가(서비스기술)

커피 조리와 발표/표현의 일관성과 전문성

- 추출할 핸드드립 커피의 설명과 조리기술에서 정확성과 전문성이 있고, 조리/음료의 맛과 발표/표현이 서로 일관성 있게 이루어져야 함

고객에 대한 서비스 자세(주의력/배려/공손함)

- 심사위원에 대한 배려와 공손함
- 세세한 부분에도 주의를 기울임

용모와 복장의 적절성

- 일하기 편리하고 활동적이며 청결한 복장
- 액세서리, 향수 등의 방해요소를 피함

실기시험 평가항목 – 맛 평가

PART 5_ 핸드드립 커피대한 맛 평가

맛 평가(신맛, 쓴맛, 단맛)

- 응시자가 표현한 원두의 맛과 특성을 올바르게 추출하였는지를 평가하고, 각 신맛, 단맛, 쓴맛의 조화로움과 균형감을 평가

아로마

- 응시자가 표현한 아로마의 특성을 올바르게 추출하였는지를 평가

바디/마우스필

- 핸드드립 커피에 알맞은 온도인지의 여부, 응시자가 표현한 바디/마우스필의 특성을 올바르게 추출하였는지를 평가

추출도구 모음

- 원두
- 서버
- 여과지
- 드립포트
- 드립퍼
- 드립퍼 받침대
- 온도계
- 핸드밀 또는 그라인더
- 타이머
- 잔 2, 잔받침 2, 스푼 2

라떼아트 전문가

자격시험 구분

라떼아트 전문가

- 전형 : 실기평가(카페 바리스타 2급 합격자 이상 자격 부여)
- 일정 : 연 4회 이상
- 장소 : 지정 시험장

※15명 이상 상시시험 가능

심사위원 구성

라떼아트

- 감독 : 검정 위원
- 기술 평가심사위원 : 1명
- 맛 평가심사위원 : 2명

실기시험 시간의 진행

- 준비시간(5분) : 시연의 준비

- 시연시간(10분) : 하트 in 하트, 로제타, 에칭, 결하트
- 정리시간(3분) : 시연 정리

실기시험 평가점수 범위

- 받아들일 수 없음 : 0점
- 매우 미흡함 : 2점
- 조금 미흡함 : 3점
- 평균 : 4점
- 우수함 : 4.5점
- 매우 우수함 : 5점

실기시험 점수 집계

- 전체 채점표에서 옮겨진 점수 합계
- 기술 평가점수+맛 평가점수(-초과시간) = 응시자의 총점수

※실기시험 합격기준 점수(240점) / 최고점(300점)

실기시험 평가항목 – 기술 평가

PART 1_ 조리준비 평가

기물 위생상태 점검 : 5점

- 행주, 티스푼, 잔의 위생상태
- 물잔과 물주전자의 위생상태

준비된 산의 예열과 청결 : 5

- 잔의 예열과 청결상태 확인

작업공간 및 커피머신, 그라인더의 청결상태 확인 : 5

- 조리대와 머신, 그라인더 도저와 주위의 청결상태

PART 2_ 에스프레소 추출평가(에스프레소 추출의 기술적 숙련도)

담기 전 포터필터의 건조/청결(바스켓 필터/스파우트) : 5

- 담기 전 필터의 물기제거 및 청결
- 스파우트의 물기제거
- 스파우트의 청결유지 상태

분쇄/담기 동작 시 흘림/낭비의 정도 : 5

- 포터필터에 담기를 할 때 흘리는지 점검
- 포터필터에 담기를 할 때 낭비 정도를 점검

적절한 담기와 다지기 : 5

- 담기를 할 때 그라인더 다루는 기술
- 다지기를 할 때 수평 확인
- 다지기를 할 때 흘림과 청결 확인

삽입 전 그룹 헤드 및 포터필터의 청결상태 : 5

- 그룹헤드에 충격을 가해 창작하는지
- 그룹 헤드의 점검(기계에 삽입 전이나 물 흘리기를 하는지)

신속한 추출과정(분쇄/담기/다지기/삽입/추출) : 5

- 분쇄/담기/다지기/삽입/추출이 신속히 이루어지는지 확인
- 분쇄/담기/다지기/삽입/추출 시 불필요한 동작이 없는지 확인(허구적인 동작)
- 기계에 삽입 시 충격여부 확인
- 기계에 삽입 후 다른 동작 없이 바로 추출이 이루어지는지 확인

2번 모두 적절한 추출(추출 속도/추출 시간/추출량) : 5×2

- 추출시간은 20~30초 안에 추출
- 추출량은 25~35㎖ 추출
- 3초 이내의 추출 편차

PART 3_ 우유 스팀 평가(우유 거품 내기의 기술적 숙련도)

스팀밍 전 피처의 청결과 우유 준비 : 5

- 우유거품 내기 전 스팀 피처의 물기 및 청결상태 점검
- 우유거품 내기 전 우유준비 점검

스팀밍 전/후 스팀노즐 사용 및 청결 : 5

- 거품내기 전의 스팀노즐 관리상태 점검
- 거품내기 후의 스팀노즐 관리상태 점검(연속적인 동작은 한 동작으로 인정)

스팀밍의 적절성과 기술적 숙련도 : 5×2

- 스팀밍의 숙련도 점검
- 스팀밍 시 우유의 흘림 확인
- 우유를 다루는 기술적인 숙련도
- 우유 따르기에 대한 숙련도 확인

스팀밍 후 남은 우유의 양과 피처의 청결 : 5

- 사용한 모든 피처의 청결상태 확인
- 남은 우유의 양은 모두 합해서 100㎖ 이하가 되어야 함

PART 4_ 종합적인 평가(시연 시 전체적인 위생관리와 수행능력)

작업도구의 이해도(정확한 작동과 사용) : 5

- 커피 기계와 그라인더의 작동, 조정, 관리에 대한 이해도

전체 작업의 흐름(효율성/신속성/정확성/자연스러움) : 5×2

- 바리스타의 기술, 수행, 능력의 종합적인 관점
- 전체적인 작업공간 관리
- 시연하는 동안 위생관리
- 시연 종료 시 청결성

PART 5_ 응시자 평가

커피 조리와 발표/표현의 일관성과 전문성 : 5

- 커피 음료의 설명과 조리기술에서 정확성과 전문성이 있고, 조리/음료의 맛과 발표/표현이 서로 일관성 있게 이루어져야 함

고객에 대한 서비스 자세(주의력/배려/공손함) : 5

- 심사위원에 대한 배려와 공손함
- 세세한 부분에도 주의를 기울임

용모와 복장의 적절성(청결/위생적/활동적) : 5

- 일하기 편리하고 활동적이며 청결한 복장
- 액세서리, 향수 등의 방해요소를 피함

실기시험 평가항목 – 디자인과 맛 평가

- 라떼의 전체의 양 : 5×2
- 설명한 문양과의 정확성 : 5×2
- 문양의 위치와 조화 : 5×2
- 문양의 선명성 : 5×2
- 크레마와 우유의 비율성(1 : 2) : 5×2

PART 6_ 프리푸어라떼 평가(디자인과 맛 평가)

- 맛의 균형(에스프레소와 우유의 조화) : 5
- 온도와 거품의 질감 : 5
- 음료의 신속한 제공과 전반적인 위생 : 5
- 잔의 선정과 부자재의 활용 : 5

홈 바리스타 전문가

홈 바리스타 전문가 자격증

- 전형 : 실기평가
- 일정 : 연 상시시험
- 장소 : 지정 시험장

심사위원 구성

- 감독 : 검정위원(담당교수, 캠퍼스장, 심사위원 자격증 취득자)
- 종합평가 위원 : 1명
- 심사비용 : 응시생 1인 기준

실기시험 시간의 진행

- 준비시간(5분) : 사용할 장비도구 준비하기, 작업공간 정비하기
- 시연시간(10분) : 4가지 추출도구 중 수험생별 추첨하여 1가지 도구 선택

※시험장에서 지정한 원두로 시연

- 사용할 도구에 대해 설명해야 함
- 정리시간(5분) : 작업대, 장비 및 주변 정리

도구(총 5개 중 1개 추첨)

- 모카 포트/프렌치프레스/이브릭/더치/사이폰

구술순서(예시)

"준비 시작하겠습니다."

"오늘 제가 사용할 장비는 사이폰입니다. 사이폰 방식은 밀폐된 용기에 물을 담고 끓이면 끓는물이 증기의 압력에 의해 다른 용기로 이동하게 되고, 가열을 멈추면 압력이 떨어지면서 다시 원래의 용기로 복귀하는 원리를 응용한 것입니다. 장비 준비하겠습니다."

"준비 마치겠습니다."

"수험번호 1번 홍길순입니다. 홈바리스타 전문가 시험에 응시하게 된 이유는 창업을 위해서…"

"시연에 앞서 물 서비스 하겠습니다."

"시연 시작하겠습니다."

"시연 마치겠습니다."

"정리 시작하겠습니다."

"정리 마치겠습니다."

실기시험 채점 포인트

홈 바리스타 전문가 자격증은 도구의 올바른 사용법에 채점기준을 둔다.

사이폰 채점문항

평가영역	문 항	매우미흡	미흡	보통	우수	매우우수
준비	장비의 청결과 장비와 도구는 빠짐없이 준비하였는가?	1점	2점	3점	4점	5점
	잔의 청결과 데우기는 잘 되었는가?	1점	2점	3점	4점	5점
	바리스타의 복장은 잘 갖추었는가?	1점	2점	3점	4점	5점
	장비의 설명이 잘 이루어졌는가?	1점	2점	3점	4점	5점
시연	사이폰 추출에 사용할 물을 적당한 온도로 데울 수 있다.	1점	2점	3점	4점	5점
	추출에 필요한 사이폰 필터를 로드에 장착할 수 있다.	1점	2점	3점	4점	5점
	그라인더를 사용하여 원두를 적당한 굵기와 양으로 분쇄할 수 있다.	1점	2점	3점	4점	5점
	분쇄된 커피를 로드에 담을 수 있다.	1점	2점	3점	4점	5점
	플라스크에 적당량의 물을 담을 수 있다.	1점	2점	3점	4점	5점
	플라스크에 담긴 물을 가열하기 위해 램프를 켤 수 있다.	1점	2점	3점	4점	5점
	플라스크에 담긴 물이 끓으면 로드를 수직으로 결합할 수 있다.	1점	2점	3점	4점	5점
	플라스크에 있는 물이 로드로 올라오면 스틱으로 커피를 저어줄 수 있다.	1점	2점	3점	4점	5점
	커피가 추출되기까지 적당한 시간을 유지할 수 있다.	1점	2점	3점	4점	5점
	램프의 불을 끈 후 추출된 로드의 커피가 플라스크에 모두 떨어질 때까지 기다릴 수 있다.	1점	2점	3점	4점	5점
	플라스크에 로드를 비스듬히 올려놓을 수 있다.	1점	2점	3점	4점	5점
	추출 후 로드에 담긴 커피 찌꺼기와 필터를 제거할 수 있다.	1점	2점	3점	4점	5점
정리	장비와 작업대의 위생적 관리를 유지하였는가?	1점	2점	3점	4점	5점
	전체적인 흐름 동안 서비스 태도가 충분하였는가?	1점	2점	3점	4점	5점
종합	종합적인 흐름과 커피의 맛이 적정한가?	2점	4점	6점	8점	10점
	총 점 판 정(55점 이상) 합격 불합격					

더치 채점문항

평가 영역	문 항	매우 미흡	미흡	보통	우수	매우 우수
준비	장비의 청결과 장비와 도구는 빠짐없이 준비하였는가?	1점	2점	3점	4점	5점
	잔의 청결과 데우기는 잘 되었는가?	1점	2점	3점	4점	5점
	바리스타의 복장은 잘 갖추었는가?	1점	2점	3점	4점	5점
	장비의 설명이 잘 이루어졌는가?	1점	2점	3점	4점	5점
시연	정수된 상온의 물을 준비할 수 있다.	1점	2점	3점	4점	5점
	그라인더를 사용하여 원두를 적당한 굵기와 양으로 분쇄할 수 있다.	1점	2점	3점	4점	5점
	추출된 커피를 밀폐용기를 사용하여 보관할 수 있다.	1점	2점	3점	4점	5점
	밸브를 사용하여 떨어지는 물의 속도와 양을 조절할 수 있다.	1점	2점	3점	4점	5점
	준비된 물을 더치 기구에 담을 수 있다.	1점	2점	3점	4점	5점
	분쇄된 커피를 필터에 담을 수 있다.	1점	2점	3점	4점	5점
	더치 기구에 필터를 장착할 수 있다.	1점	2점	3점	4점	5점
	추출 후 더치 기구에 담긴 커피 찌꺼기와 필터를 제거할 수 있다.	1점	2점	3점	4점	5점
정리	장비와 작업대의 위생적 관리를 유지하였는가?	1점	2점	3점	4점	5점
	전체적인 흐름 동안 서비스 태도가 충분하였는가?	1점	2점	3점	4점	5점
종합	종합적인 흐름은 적정한가?	2점	4점	6점	8점	10점
	총 점 판 정(50점 이상) 합격 불합격					

모카 포트 채점문항

평가 영역	문 항	매우 미흡	미흡	보통	우수	매우 우수
준비	장비의 청결과 장비와 도구는 빠짐없이 준비하였는가?	1점	2점	3점	4점	5점
	잔의 청결과 데우기는 잘 되었는가?	1점	2점	3점	4점	5점
	바리스타의 복장은 잘 갖추었는가?	1점	2점	3점	4점	5점
	장비의 설명이 잘 이루어졌는가?	1점	2점	3점	4점	5점
시연	모카 포트를 분리할 수 있다.	1점	2점	3점	4점	5점
	추출에 필요한 모카 포트 필터를 분리할 수 있다.	1점	2점	3점	4점	5점
	그라인더를 사용하여 원두를 적당한 굵기와 양으로 분쇄할 수 있다.	1점	2점	3점	4점	5점
	분쇄된 커피를 필터에 담을 수 있다.	1점	2점	3점	4점	5점
	모카 포트 챔버에 적당량을 물을 넣을 수 있다.	1점	2점	3점	4점	5점
	모카 포트에 담긴 물을 가열하기 위해 램프를 켤 수 있다.	1점	2점	3점	4점	5점
	커피가 추출되기까지 적당한 시간을 유지할 수 있다.	1점	2점	3점	4점	5점
	불을 끈 후 콜랙팅 챔버에 커피 추출액이 모두 떨어질 때까지 기다릴 수 있다.	1점	2점	3점	4점	5점
	추출 후 바스켓 필터 에 담긴 커피 찌꺼기를 제거할 수 있다.	1점	2점	3점	4점	5점
정리	장비와 작업대의 위생적 관리를 유지하였는가?	1점	2점	3점	4점	5점
	전체적인 흐름 동안 서비스 태도가 충분하였는가?	1점	2점	3점	4점	5점
종합	종합적인 흐름과 커피의 맛이 적정한가?	2점	4점	6점	8점	10점
	총 점 판 정(55점 이상) 합격 불합격					

프렌치프레스 채점문항

평가 영역	문 항	매우 미흡	미흡	보통	우수	매우 우수
준비	장비의 청결과 장비와 도구는 빠짐없이 준비하였는가?	1점	2점	3점	4점	5점
	잔의 청결과 데우기는 잘 되었는가?	1점	2점	3점	4점	5점
	바리스타의 복장은 잘 갖추었는가?	1점	2점	3점	4점	5점
	장비의 설명이 잘 이루어졌는가?	1점	2점	3점	4점	5점
시연	정수의 물을 준비할 수 있다.	1점	2점	3점	4점	5점
	프렌치 프레스에서 피스톤을 분리 할 수 있다..	1점	2점	3점	4점	5점
	그라인더를 사용하여 원두를 적당한 굵기와 양으로 분쇄할 수 있다.	1점	2점	3점	4점	5점
	분쇄된 커피를 담을 수 있다.	1점	2점	3점	4점	5점
	알맞은 온도의 물을 넣을 수 있다.	1점	2점	3점	4점	5점
	스틱으로 커피를 저어줄 수 있다.	1점	2점	3점	4점	5점
	커피가 추출되기까지 적당한 시간을 기다릴 수 있다.	1점	2점	3점	4점	5점
	프렌치프레스에 피스톤을 결합할 수 있다.	1점	2점	3점	4점	5점
	준비된 잔에 커피를 따를 수 있다.	1점	2점	3점	4점	5점
	추출 후 커피 찌꺼기를 제거할 수 있다.	1점	2점	3점	4점	5점
정리	장비와 작업대의 위생적 관리를 유지하였는가?	1점	2점	3점	4점	5점
	전체적인 흐름 동안 서비스 태도가 충분하였는가?	1점	2점	3점	4점	5점
종합	종합적인 흐름과 커피의 맛이 적정한가?	2점	4점	6점	8점	10점
	총 점 판 정(55점 이상) 합격 불합격					

이브릭 채점문항

평가 영역	문 항	매우 미흡	미흡	보통	우수	매우 우수
준비	장비의 청결과 장비와 도구는 빠짐없이 준비하였는가?	1점	2점	3점	4점	5점
	잔의 청결과 데우기는 잘 되었는가?	1점	2점	3점	4점	5점
	바리스타의 복장은 잘 갖추었는가?	1점	2점	3점	4점	5점
	장비의 설명이 잘 이루어졌는가?	1점	2점	3점	4점	5점
시연	정수된 물을 준비할 수 있다.	1점	2점	3점	4점	5점
	커피가루 침전 후 잔에 따를 수 있다.	1점	2점	3점	4점	5점
	체즈베를 적당한 시간 동안 반복하여 가열할 수 있다.	1점	2점	3점	4점	5점
	분쇄된 원두, 물, 설탕을 체즈베에 담을 수 있다.	1점	2점	3점	4점	5점
	그라인더를 사용하여 원두를 적당한 굵기와 양으로 분쇄할 수 있다.	1점	2점	3점	4점	5점
정리	장비와 작업대의 위생적 관리를 유지하였는가?	1점	2점	3점	4점	5점
	전체적인 흐름 동안 서비스태도가 충분하였는가?	1점	2점	3점	4점	5점
종합	종합적인 흐름과 커피의 맛이 적정한가?	2점	4점	6점	8점	10점
	총 점 판 정(35점 이상) 합격 불합격					

사이폰

터키식 커피나 드립커피는 추출시간이 오래 걸린다는 단점을 안고 있었다. 커피의 인기가 높아지고 대중화됨에 따라 커피하우스에서는 더욱 많은 손님에게 좀 더 빨리 커피를 제공할 수단이 요구되었고, 그 대안은 이탈리아에서 나왔다.

19세기 이탈리아 북부 지역을 중심으로 커피의 추출 속도를 올리기 위한 여러 가지 기계가 고안되었다. 추출 속도는 곧 판매량과도 직결되기 때문에 분쇄된 입자들 사이로 뜨거운 물을 빠르게 통과시킬 수단이 필요했다. 이를 위해 동원된 것이 증기압이었다. 다양한 실험을 거치면서 1840년대에는 기압으로 커피의 추출 속도를 빨리 하는 여러 가지 기계들이 개발되었는데, 그 대표적인 것이 지금의 버큠포트(사이펀) 방식이라 할 수 있는 '진공추출법'이다.

버큠포트 방식은 밀폐된 용기에 물을 담고 끓이면 끓는물이 증기의 압력에 의해 다른 용기로 이동하게 되고, 가열을 멈추면 압력이 떨어지면서 다시 원래의 용기로 복귀하는 원리를 응용한 것이다.

사이폰의 구성

추출방법

약 12g의 원두를 이용하여 150mℓ(한 잔 분량)의 커피를 추출해 보자.

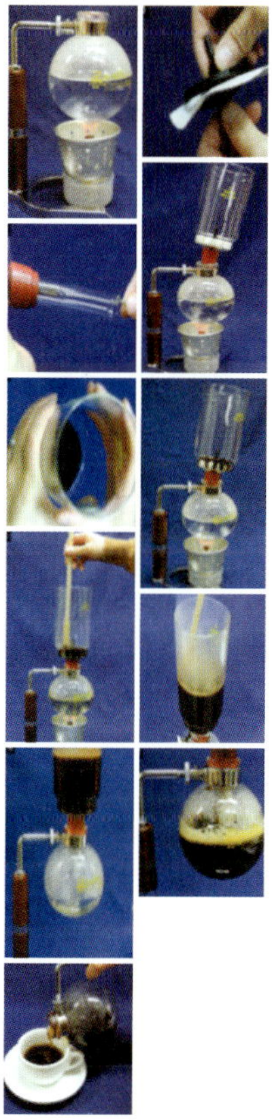

1_ 하부 플라스크에 뜨거운 물을 넣고 가열한다. 차가운 물을 넣고 사용할 경우, 물을 끓이는데 오랜 시간이 걸리기 때문이다. 150mℓ의 커피를 추출하기 위해서는 180mℓ 정도의 물이 필요하다.

※주의 : 플라스크에 물기가 있으면 반드시 닦은 후 사용한다. 물기가 있는 상태로 가열하면 터질 수가 있다.

2_ 커피를 분쇄한다.

3_ 필터에 여과지를 끼운 후 돌려 두 개의 필터를 단단히 고정한다.

4_ 여과 필터를 상부 로트에 끼우고, 밑에 달려 있는 홀더를 관에 걸어 고정한다.

5_ 로트를 플라스크에 살짝 걸쳐놓는다. 예열의 효과가 있다.

6_ 물이 끓으면 로트에 분쇄한 커피를 넣은 후 평평하게 되도록 살짝 쳐준다.

7_ 불을 절반 정도 줄이고 로트를 삽입한다.

8_ 스틱을 로트 가장자리에 꽂아준다.

9_ 플라스크의 물이 로트로 다 올라오면, 스틱을 10회 정도 저어준다.

10_ 스틱 회전 후 25~30초가 경과하면, 불을 끄고 다시 스틱을 10회 정도 저어준다.

11_ 커피가 하부 플라스크에 내려오면 로트를 뺀다.

12_ 하부 플라스크에 있는 추출액을 잔에 붓는다. 핸드드립의 경우 추출하는 물의 온도를 강제적으로 내렸으나, 사이펀은 그런 과정이 없으므로 커피의 온도가 더 높다.

더치커피

뜨거운 물이 아닌 찬물 또는 상온의 물을 이용하여 장시간에 걸쳐 우려낸 커피를 가리킨다. 더치커피라는 명칭은 네덜란드풍Dutch의 커피라 하여 붙여진 일본식 명칭이고, 영어로는 '차가운 물에 우려낸다'는 뜻으로 콜드 브루Cold Brew라고 한다.

제조방식은 전용 기구에 분쇄한 원두를 넣고 찬물 또는 상온의 물에 짧게는 3~4시간, 길게는 8~12시간 정도 우려내 커피 원액을 추출한다. 추출하는 방식은 점적식(點滴式) 방식이다.

오랜 시간에 걸쳐 추출하기 때문에, 뜨거운 물로 짧은 시간에 추출한 일반 커피에 비해 쓴맛이 덜하며 순하고 부드러운 풍미를 느낄 수 있는데, 원두의 분쇄 정도와 물의 맛, 추출 시간이 중요한 작용을 한다. 추출된 커피 원액은 밀봉해서 냉장 보관을 하는데, 하루나 이틀 정도 저온 숙성을 하면 풍미가 더 살아난다. 원액을 그대로 마시는 것보다는, 입맛에 따라 우유나 시럽 또는 물을 타서 희석하거나 얼음을 넣고 마시는 것이 일반적이다.

모카 포트

가열된 물에서 발생하는 수증기의 압력을 이용해서 추출하는 추출기구를 일컫는다. 증기압을 이용하기 때문에 비교적 쉽고 간단하게 에스프레소 방식에 가까운 커피맛을 낼 수 있다. 유럽에서는 흔하지만, 국내에서는 마니아들만 아는 추출기구로 다양한 제품들이 유통되고 있다.

곱게 간 원두와 정수된 물을 포트에 채운 뒤 불 위에 놓고 끓이면, 수증기가 원두를 통과하면서 에스프레소 원액이 추출된다. 수증기가 오일 성분까지 씻어 내리기 때문에 여과지가 있는 커피메이커와는 다른 지용성향이 나온다. 다소 거칠지만 고전적인 맛을 즐길 수 있다.

기구의 특징

기구를 살펴보면 다음과 같이 세 부분으로 이루어져 있다. 하단 포트에 있는 물을 가열하면 수증기가 생기고, 이 수증기의 힘에 의해 물이 필터 바스켓의 관을 따라 위로 올라가게 된다. 한편, 바스켓에 담겨 있는 커피가루는 물이 끓으면서 찐 상태가 된다. 관을 타고 올라간 물이 쪄져 있는 커피가루를 통과하면서 커피성분이 추출되고, 추출액은 상단 포트 추출구를 통해 나오게 되는 원리이다. 일반적으로 풀시티 이상 강하게 로스팅 된 원두를 사용하는데, 1잔 즉 30㎖의 커피를 위해서는 약 7~8g의 원두가 사용된다.

추출방법

지금부터 30㎖ 한 잔의 커피를 위해 7~8g의 원두를 이용하여 추출해 보기로 한다. 30㎖의 추출액을 위해서는 일반적으로 45㎖의 물이 필요하다.

1_ 하단 포트에 물을 붓는다. 하단 포트에는 압력 밸브라고 하는 것이 있는데, 물은 압력 밸브보다는 적게 부어야 한다.
2_ 필터 바스켓에 분량의 분쇄한 커피를 담고 스푼을 이용하여 살짝 눌러준다. 평평하지 않을 경우 수증기 압력으로 물이 올라올 때 균일하게 커피가루 층을 통과하지 못하기 때문이다.
3_ 상단 포트를 뒤집어서 고무 패킹과 필터가 제대로 장착되어 있는지 확인한다.
4_ 상단 포트와 하단 포트를 잘 돌려서 단단하게 고정한다. 최근에는 모카 포트 전용 여과지를 사용하기도 하는데, 사용하게 되면 추출액이 좀 더 부드러워진다. 여과지는 필터 바스켓 위에 올려놓는다.
5_ 약불을 이용하여 약 2~3분 정도 끓여준다. 모카 포트를 불 위에 직접 올려놓지 않고, 전용 삼발이를 불 위에 올려놓은 후 그 위에 모카 포트를 올려놓기도 한다.
6_ 추출이 시작되면 '픽픽' 하는 소리가 나는데, 단시간에 추출이 이루어지므로 주의한다. 추출구를 통해 분출되다시피 추출되므로, 추출되는 동안 상단 포트 뚜껑을 닫아두어야 한다. 추출 종료 후에도 계속 불 위에 올려놓으면, 고무 패킹이 녹아 기구 전체를 못 쓰게 되는 경우가 종종 있으니 주의해야 한다.
7_ '치익' 하는 소리가 나면 추출이 종료된 것이다. 불을 끄고 추출된 커피를 잔에 따른다. 증기압을 이용하기는 방식이기는 하나, 크레마를 기대하기는 어렵다.

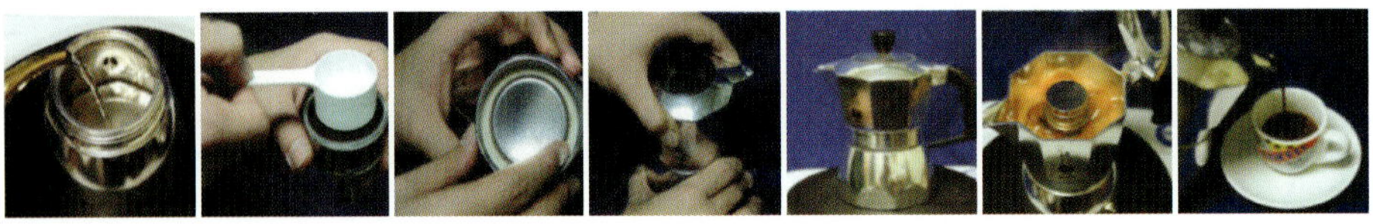

프렌치 프레스

프렌치 프레스는 다양한 용도로 사용된다. 커피를 추출하기도 하지만 차를 우려 마실 때, 가정에서 카푸치노를 만들기 위해 우유 거품을 낼 때도 사용된다. 커피 추출 시 비교적 간단하게 사용한 수 있으나, 청소가 불편하고 커피 성분이 충분히 우러나지 않는다는 단점이 있다.

티 메이커Tea-Maker, 플런저Plunger, 멜리오르Melior 등의 다양한 이름을 가지고 있는데, 프랑스 보덤Bordum사가 크게 유행시켜, 현재는 프렌프레스French Press라는 명칭이 보편적이다.

기구의 특징

구성은 유리로 된 용기와 피스톤이 달린 뚜껑이 두 부분으로 매우 간단하다. 유리 용기에 분쇄한 커피를 넣고 뜨거운 물을 붓는다. 일정 시간이 경과하면 커피 성분이 녹아져 나오게 되는데, 그때 피스톤으로 눌러 추출액만 분리해 내면 된다. 우려내기 방식과 가압추출 방식이 혼용된 추출방법이라고 할 수 있다.

추출방법

한 잔의 커피(약 150㎖)를 추출하기 위해서는 약 10g의 커피와 200㎖의 물이 필요하다.

1_ 커피를 약 1.0㎜ 정도로 굵게 분쇄한다.
2_ 프렌치 프레스의 뚜껑(피스톤 포함)을 분리하여 분쇄한 커피를 넣는다.
3_ 90~95℃의 물 약 200㎖를 붓는다.

4_ 커피가루가 뜨면 수저로 저어준다.

5_ 저은 후 약 1분~1분 30초 정도 기다린 다음 피스톤을 누른다.

6_ 추출액을 예열한 잔에 붓는다. 커피 찌꺼기를 감안하여 약 150㎖ 정도만 따르도록 한다.

이브릭 & 체즈베

이브릭Ibriq은 두툼하고 여유로운 밑 부분과 몸통의 중간 부위보다 높은 곳에 위치한 주둥이, 뚜껑 그리고 커피를 따를 때 잡으면 45도의 각도로 만들어주는 손잡이로 되어있다. 잔에 다 따를 경우 물의 무게와 손잡이의 위치로 이브릭이 45도 정도로 기울여지면서 분쇄된 커피가 물에 뜬 부분과 가라앉은 부분을 피하기 때문에 자연스럽게 필터링이 된다.

커피를 처음으로 즐기기 시작한 방법이 터키식 포트이다. 이름하여 '이브릭Ibriq'이라는 기구이다. 1520년경에 중동의 시리아에서 커피열매를 볶아서 마시기 시작했다는 주장이 유력한데, 아라비아 지역에서 커피를 마시기 시작한 방법이 터키식 커피포트이다.

커피를 처음으로 재배하고 확산시킨 나라는 오스만 투루크 제국이다. 그래서 당시에 커피를 조리하여 마시던 방법을 터키식 커피라고 부르게 되었다. 이 기구를 이브릭이라고 하는데, 몸통의 중간부분 위에 주둥이가 있고 뚜껑이 있는 것을 터키식 커피포트라 한다. 이에 비해 뚜껑이 없이 마시는 커피기구를 '체즈베Cezve'라고 한다. 유럽에 커피가 전파된 것이 17세기였는데, 이때부터 약 200년간 이 방식으로 커피를 즐겨 마셨다고 한다.

체즈베Cezve로 터키식 커피 추출하기

1_ 커피를 아주 가늘게 분쇄한다.
2_ 에스프레소 커피보다 더 가늘게 분쇄한다.
3_ 1인분에 4~5g 정도로 분쇄한 커피를 추출기구 안에 넣는다. 찬물을 1인분에 80㎖ 정도로 추출기구 안에 붓는다.
4_ 중간 세기의 불 위에 체즈베를 올려놓는다.
5_ 거품과 함께 커피가 끓어오르면 넘치기 전에 기구를 불 위에 내렸다가, 가라앉으면 다시 불 위에 올려놓고 스푼으로 한 번 저어준다. 끓어오르면 내리는 동작을 2~3회 더 반복한 후 작은 잔에 커피를 따른다.

이브릭Ibriq으로 터키식 커피 만들기

1_ 커피를 아주 가늘게 분쇄한다.

2_ 에스프레소 커피보다 더 가늘게 분쇄한다.

3_ 1인분에 4~5g 정도로 분쇄한 커피를 추출 기구 안에 넣는다. 찬물을 1인분에 80mℓ 정도로 추출기구 안에 붓는다. 중간 세기의 불 위에 이브릭를 올린다.

4_ 거품과 함께 커피가 끓어오르면 넘치기 전에 기구를 불 위에서 내린다.

Coffee

사용할 때 주의사항

- 커피를 아주 가늘게 분쇄해야 거품이 사라지고 찌꺼기가 빨리 가라앉는다.
- 너무 센 화력은 커피를 덜 추출하게 하며, 약한 불은 과다추출하게 되어 맛이 없다. 4~5분 정도에서 추출되는 것이 가장 적당하다. 처음 거품이 생기는 것은 물이 끓는 것이 아니라 커피 속의 가스가 나오는 현상이며, 이때 물의 온도는 약 80~90℃이다. 세 번째 거품이 끓어오를 때 온도는 약 95℃로 핸드드립 온도와 일치한다.
- 거품이 끓어서 용기 밖으로 넘치지 않도록 해야 한다. 거품이 덜 생기면 커피가 신선하지 않은 것이다.
- 커피 찌꺼기가 마시는 잔에 남아 있으니 가라앉혀서 마신다. 커피가 지닌 독특한 맛을 그대로 느낄 수 있다.

※마시는 법 : 설탕, 향신료를 넣고 마시거나, 버터나 소금을 입에 머금고 마신다.

실기시험 평가항목 – 준비

PART 1_ 추출준비 평가

조리 시 조리공간의 배치와 정렬(조리대/기계/부자재)

- 조리 가능한 상태로 정리정돈(조리 공간 확보)
- 집기류 청결상태 점검과 배치
- 그라인더의 작동과 청결상태 확인
- 조리대의 물기 및 청결상태

PART 2_ 위생관리 평가

전체적인 활용과 위생관리(기계/조리대/도구/재료)

- 조리시간 내내 기계와 조리대의 위생적인 관리
- 도구와 재료 등의 청결한 관리

제조 시 위생 준수

- 행주의 적절하고 올바른 사용 및 관리
- 식재료를 손으로 직접 다루지 않는 등의 위생 준수

PART 3_ 응시자 평가(서비스기술)

커피 조리와 발표/표현의 일관성과 전문성

- 추출할 핸드드립 커피의 설명과 조리 기술에서 정확성과 전문성이 있고, 조리/음료의 맛과 발표/표현이 서로 일관성 있게 이루어져야 함

고객에 대한 서비스 자세(주의력/배려/공손함)

- 심사위원에 대한 배려와 공손함
- 세세한 부분에도 주의를 기울임

용모와 복장의 적절성

- 일하기 편리하고 활동적이며 청결한 복장
- 액세서리, 향수 등의 방해요소를 피함

※노동부 한국직업능력개발원 공식 민간자격등록 자격

- 카페 바리스타 1, 2급(제2015-000114호)
- 카페 라떼아트전문가(제2015-000100호)
- 핸드드립전문가(제2015-000120호)
- 홈 바리스타전문가(제2015-000121호)

References

【논 문】

강지현(2012). 중남미 및 아시아 커피산업 동향. 한국농촌경제연구원 기타연구보고서(145), 117-136.

고재광 · 정진혁 · 윤혜현(2017). 콜롬비아 커피 생두의 가공법과 로스팅에 따른 품질 특성. 「동아시아식생활학회지」, 27(4), 365-377.

김기화 · 김아현 · 이재근 · 전명숙 · 노봉수(2014). 원두 종류에 따른 커피의 향기패턴 분석. 「한국식품과학회지」, 46(1), 1-6.

김창진 · 최근표(2014). 커피소비 동향 및 다양한 드립커피 추출기술. 「식품산업과 영양」, 19(2), 7-13.

김현아 · 이경희(2013). 커피의 배전 후 경과 시간에 따른 관능적 특성. 「동아시아식생활학회지」, 23(3), 382-390.

박한울 · 이혜은(2012). 세계 커피산업 동향. 한국농촌경제연구원 기타연구보고서(145), 97-116.

이문조 · 김상은 · 김종환 · 이상원 · 염동민(2013). 커피원두의 배전강도에 따른 품질특성 및 향기성분에 관한 연구. 「한국식품영양과학회지」, 42(2), 255-261.

이정기(2012). 커피의 향미를 결정하는 기술적 요소. 「한국커피산업학회지」, 1(1), 56-62.

이혜은 · 정승은(2012). 아프리카 커피산업 동향. 한국농촌경제연구원 기타연구보고서(145), 137-161.

최근표 · 채동진 · 류재은(2014). 커피의 최근 연구동향 및 산업전망. 「식품산업과 영양」, 19(2), 1-4.

최양규 · 권나경(2012). EU 커피산업 동향. 한국농촌경제연구원 기타연구보고서(145), 163-181.

A heat and mass transfer study of coffee bean roasting, Nabil T. Fadai, John Melrose, Colin P. Please, Alexandra Schulman & Robert A. Van Gorder(2017), International Journal of Heat and Mass Transfer, 104, 787-799.

Green Coffee Bean Extract as a Weight Loss Supplement, M. Samadi, M. Mohammadshahi & F. Haidari(2015), Journal of Nutritional Disorders & Therapy, 5(4).

Incidence, Level, and Behavior of Aflatoxins during Coffee Bean Roasting and Decaffeination (2002), K. M. Soliman, Journal of Agricultural and Food Chemistry, 50(25), 7, 477-7, 481.

【단행본】

구자인 외(2013), 카페 바리스타 필기시험 문제집, 백산출판사.

________(2016), 커피&티 Sommelier, MJ 미디어.

________(2016), 호텔 · 외식 식음료서비스 실무론, 백산출판사.

________(2018), 4차 산업혁명시대 ICT융합 식음료경영론, 지식인.

김일호 외(2012), 커피의 모든 것, 백산출판사.

박종만(2007), 커피기행, 효형출판.

박창선(2017), 커피플렉스, 백산출판사.

서진우(2013), 커피바이블, 대왕사.

송은경 역(2003), 커피이야기, 나무심는 사람.

안중혁(2017), 바리스타 & 로스터를 위한 커피향미분석, 지식인.

원융희(2010), 영혼의 향기 Coffee, 백산출판사.

유대준(2011), 커피인사이드, 해밀.

이영민(2010), 라떼아트, ㈜아이비라인 · 월간COFFEE.

이용남(2012), 카페 & 바리스타, 백산출판사.

최병호 외(2011), 최신 커피바리스타 경영의 이해, 기문사.

________(2017), 커피바리스타 경영사의 이해, 백산출판사.

최승일(2014), 커피컬쳐, 밥북.
최정희 외(2013), 쉽고 재미있는 커피조리 이론과 실기, 새로미.
한국커피교육연구원 편저(2009), 커피조리학.
______________________(2009), 커피학개론.

【웹사이트】
http://www.angelinus.com(엔제리너스)
http://www.ediya.com(이디야커피)
http://www.hollys.co.kr(할리스커피)
http://www.istarbucks.co.kr(스타벅스코리아)
http://www.twosome.co.kr(투썸플레이스)

Profile

구자인

- 가천대학교 대학원 석사과정 경영학 전공
- 가천대학교 대학원 박사과정 관광경영학 전공

- 여주대학교 호텔조리베이커리과 겸임교수
- 상지영서대학교 호텔제과제빵바리스타과 겸임교수
- 청강대학교 외래교수
- 더 자인 식문화연구소(식문화 컨설팅, 푸드스타일리스트) 대표

- 사) 한국 식음료 외식조리교육협회 교육위원/심사위원
- 주) 한국 식음료 산업진흥원 전국 대학 챔피언십 심사위원
- 사) 서울커피&골든티어워드(GTA) 운영위원/심사위원
- 사) 한국 푸드코디네이터협회, 서울국제푸드&테이블웨어박람회 운영위원
- 사) 세계 음식문화연구원, 국제 탑쉐프 그랑프리 심사위원
- 사) 한국 식문화 디자인협회 부회장
- 사) 호텔전문경영인협회 이사
- 씨앤아이마케팅 외식사업 자문위원
- 한국 서비스 MBA 컨설팅 자문위원
- SCAE(Specialty Coffee Association of Europe) Barista
- ILAC(International Institute of Coffee Tasters) Espresso Italiano Specialist

【저서】
- 4차산업혁명시대 ICT융합 식음료경영론, 2018년, 지식인
- 호텔 · 외식 식음료서비스 실무론, 2016년, 백산출판사
- 커피&티 Sommelier, 2016년, MJ미디어
- 카페 바리스타 필기시험 문제집, 2013년, 백산출판사